BIBLIOTHÈQUE
CHRÉTIENNE ET MORALE.

2ᵉ SÉRIE.

Tout exemplaire qui ne sera pas revêtu de notre griffe sera réputé contrefait et poursuivi conformément aux lois.

Barbou frères

LA VENITIE.

LA VÉNITIE

PAR V. FRÉVILLE.

LIMOGES
BARBOU FRÈRES, IMPRIMEURS-LIBRAIRES.

I

A MILADY KATE MOORE-O'DWAIRE, A LONDRES

Courte revue rétrospective. — L'Italie Continentale. — L'Italie Péninsulaire. — Aspects géographiques. — *Genève*. — Le Lac Léman. — La Vallée du Rhône. — Souvenirs d'un Voyage en Suisse. — Martiny. — Le Soir, des hauteurs de la Forclaz. — *Sion*. — Excursion au Mont-Rose. — Peinture du matin. — Paysages. — *Stalden*. — La Plaine d'Aballa. — Le Val de Saas. — Les Chalets de Destal. — Une Nuit dans la Montagne. — Le Mont-Moro. — Physionomie du Mont-Rose. — Panorama du Passage du Moro. — Départ de Visp. — Poésie du Voyage à pied. — Ascension du Simplon. — Le Torrent de la Salteline. — La Route du Simplon. — Vallée de Gauther. — Galeries, Ponts, Maisons de refuge. — Scènes grandioses. — Le Glacier du Pflecht-Horn. — Point culminant du Simplon. — L'Hospice, les Religieux et les Chiens. — L'Ami de l'Homme. — *Simplon*. — Un spectacle dans une auberge de la montagne. — Indiens et Anglais. — La Jeune Fille folle. — La Gorge de Gondo. — Concert monstrueux. — Scènes sauvages. — Le Cadran philosophe. — L'Entrée en Italie. — *Domo d'Ossola*.

Domo d'Ossola, 10 août 185...

Jadis, dans nos longues soirées d'hiver, à Versailles, en tête-à-tête, alors que nous étudiions les pages les plus éloquentes de nos poètes, Milady, combien de fois ne délaissions-nous pas nos auteurs favoris, pour passer de la poésie écrite à la poésie peinte? Combien de fois, comme Phryxus et Hellé traversant l'Hellespont sur leur toison d'or merveilleuse, portés par les ailes de l'imagination, ne nous élancions-nous pas au-delà des mers pour pénétrer ensemble dans votre pittoresque et *verte Erin?* C'était vous qui parliez alors, et, moi, j'écoutais... Tour à tour, comme dans un magique stéréoscope, passaient sous les yeux de mon esprit, les richesses de votre chère Irlande, si parfaitement décrites que je voyais, comme avec les yeux du corps, votre chaussée des géants, vos lacs, vos montagnes, vos grottes curieuses, les dentelures échancrées des côtes, Dublin et sa vaste baie, Kilkenny et la riche couronne qui décore son front, et jusqu'au simple chalet de votre Miltown-Cottage. Vous énumériez avec tant de charme tous les sites poétiques de votre patrie bien-aimée, que, cent fois depuis, j'ai rêvé de l'Irlande.

Vous souvient-il de ces jours heureux où nous étions si enthousiastes de ce qui était art et poésie? Aujourd'hui je veux vous les rappeler, en vous parlant à mon tour, non pas de l'Irlande, mais de l'Italie.

Car je suis en Italie!

Ce tout petit bout de phrase, cette exclamation si courte à dire, a quelque chose de magique pour l'âme, n'est-il pas vrai, Milady? C'est comme un baume souverain qui la pénètre et la vivifie, qui l'inspire et l'illumine, qui la sature et la berce. A ce nom d'Italie, s'ouvrent d'immenses horizons lumineux, aux tons chauds, aux paysages charmants, aux accidents gracieux, qui ravissent et qui enchantent.

A l'idée de ce voyage, je devins gai comme avril et chantant comme le matin d'un beau jour. Ma tête se remplit de doux babils, comme le font les nids d'oiseaux quand rayonne la blanche aurore. Il s'alluma sous mes yeux quatre grands foyers de lumière, et ces quatre clartés, si distinctes, eurent l'harmonieux rayonnement d'une splendide constellation : Venise et Florence, Rome et Naples. Venez, Apelles, accourez, Phidias, peignez, gravez longtemps, et vous ne ferez rien qui approche de ce grand tableau, œuvre de la main de Dieu, que l'on nomme Italie. C'est le climat du ciel!

A quelle époque ai-je commencé ce voyage? Comment le faisais-je? deux questions qui vous intéressent, n'est-ce pas, Milady? Je vais y répondre brièvement, puis vous me suivrez dans ma belle promenade.

Nous avons, l'an dernier, visité la Savoie, traversé le Mont-Cenis, suivi la vallée de Suse ou de la Doire-Ripaire, parcouru tout le Piémont, c'est-à-dire, sa capitale, Alexandrie, le champ de bataille de Marengo, mis le pied dans l'Italie Péninsulaire, en étudiant Gênes, la célèbre reine des mers, la rivière de Gênes ; puis, remontant par Novare, nous avons admiré tour à tour le lac Majeur, ses Iles Borromées, le riche encadrement de montagnes que lui forment le Mont-Rose et ses contre-forts : pénétrant ensuite dans le royaume Lombard-Vénitien, nous avons navigué sur le lac de Como, et cotoyé ses charmants rivages ; vu Lecco, Bergame, Monza ; fait un séjour à Milan, la ville des Visconti et des Sforza ; visité Pavie, sa Chartreuse, le champ de bataille où François 1er perdit tout, *fors l'honneur*. Alors, traversant les duchés de Plaisance, Parme et Modène, nous y avons retrouvé le Pô, leurs cités curieuses, leurs souvenirs historiques, d'intéressants débris du moyen-âge, les trésors du Corrège ; et enfin, rentrant encore dans le royaume Lombard-Vénitien, nous avons achevé l'examen de toute l'Italie septentrionale par Crémone et Mantoue.

— Mais Venise, allez-vous me dire, n'avez-vous pas visité Venise ?

Comment voir tant de merveilles en une fois, Milady ? En vérité, ç'eût été un steeple-chase par trop rapide ! Non, nous n'avons pas visité Venise : notre sagesse a imposé un frein à notre curiosité. Nous avons remis à une autre année notre séjour à Venise. Et, comme les fleurs succèdent aux fleurs, les jours aux nuits, les printemps aux hivers, les vacances succèdent aux vacances. Les voici venues, ces bienheureuses vacances ! Nous allons, à cette heure, à la conquête de notre toison d'or, à la recherche de cette belle perle de l'Adriatique, nous nous rendons à Venise !

Mais comme il ne nous convenait pas de rentrer en Italie par un chemin que nos pieds avaient déjà foulé, cette fois, c'est par le Simplon, par Domo d'Ossola, par Brescia, Vérone, Vicence, Padoue, que nous arrivons à Venise, le rêve de tous les poètes :

> Car, ce que j'aime, c'est Grenade,
> Aux lions de marbres, aux toits d'or ;
> C'est Venise, veuve et malade,
> Mais toujours jeune et belle encor !

Puis, de Venise descendant à Ferrare, à Bologne, nous pénétrerons dans les Romagnes, l'Emilie et l'Ombrie; nous visiterons Ravenne, Ancône, Rimini; après quoi, traversant l'Apennin septentrional et entrant dans l'antique Etrurie, la Toscane moderne, nous terminerons par Florence, Sienne, Pise, Lucques et Livourne, cette seconde excursion dans l'Italie Continentale.

Alors, à une autre année, et à une autre excursion dans l'Italie, dans l'Italie Péninsulaire cette fois, notre visite à Naples et à Rome!

Maintenant, comment voyage M. Valmer? Le voici :

Mons Valmer a pour compagnon de route un tout jeune Parisien, de bonne famille, dont il est tout à la fois le gouverneur et l'ami. L'an dernier, en chemin de fer ici, là, sur d'élégants et frêles steamers, ailleurs sur des bateaux-poste, tantôt en voiturin, tantôt à cheval, ces deux touristes allaient, venaient, fendant l'air sur le rail-way, sillonnant les lacs et les fleuves, chevauchant à travers monts et plaines, cahottés sur les routes, s'ébattant sur les chemins de traverse. Cette année, une fois à *Genève*, la cité rêveuse comme une quakresse, et leurs bagages expédiés à Brescia, ils ont pris le pantalon de drap gris-perlé, enfermé leurs jambes dans des guêtres de peau de daim et leurs pieds dans des souliers de montagnards, endossé la blouse de coutil du touriste, ceint leurs reins d'une ceinture qui cache de mignons pistolets de poche, coiffé leur tête du classique panama, mis au dos le havre-sac velu fait de la dépouille d'un jeune chamois, passé en sautoir la gourde de rhum, et, l'*Alpenstock* (1) à la main, ils ont pris place sur le vapeur l'*Helvétie*, qui de Genève s'élance à travers le lac Léman, et débarque les passagers à Villeneuve, à l'entrée de la belle vallée du Rhône.

A partir de Villeneuve, point extrême du lac où l'*Helvétie* s'arrête, la vallée du Rhône commence, en ligne droite d'abord jusqu'à Martiny. Puis à

---

(1) L'*alpenstock* est un bâton d'environ six pieds, garni à l'une de ses extrémités d'une pique en fer, et à l'autre extrémité d'une corne de chamois pour ornement. Ce bâton devient une troisième jambe fort utile pour visiter les glaciers, éviter les chutes sur la neige, etc., et descendre ou monter les pentes longues et escarpées des précipices.

Martiny, elle tourne subitement à gauche, et décrivant une ligne droite jusqu'à Sion et Leuk, elle s'incline légèrement jusqu'à Brieg. A Brieg, on tourne à droite, et on gravit alors les premières pentes du Simplon, dont le sommet une fois atteint vous permet de découvrir le val Formosa, la vallée de Domo-d'Ossola, les lacs Majeur, de Lugano et de Como, la Lombardie à gauche, le Piémont à droite, l'Italie en un mot.

Que de souvenirs nous rappelle cette belle vallée du Rhône! Nous l'avons visitée, il y a quatre ans déjà, et il n'est pas un seul de ses villages, pas un seul de ses vallons, pas un de ses précipices, pas un de ses rochers que nous ne connaissions, et qui n'ait été pour nous la scène d'un plaisir dramatique, ou champêtre, ou calme et délicieux. Fixés aux *Bains de Lavey* pour un mois tout entier, nous en avons examiné, parcouru, admiré tous les détails. Ici, *Bex*, et ses mines de sel que nous avons sondées dans les entrailles de la terre ; là, *Saint-Maurice*, son abbaye, son riche trésor, et ses fortifications qui rappellent l'étroit défilé des Thermopyles ; plus loin, la *Chapelle de Viroley* ayant pour aire sacrée le rocher même sur lequel fut décimée la légion Thébéenne toute entière (1) ; plus loin encore, la ville d'*Epaunum*, en 563 enfouie sous la chute des terres du *Tauretunum*, de la Dent du Midi, depuis cette époque squelette de roc décharné, et menaçant le ciel de sa pointe monstrueuse. Puis Lavey ; puis les divers bassins, maintenant desséchés, des lacs superposés, formés par le Rhône, dont le cours avait été barré par des digues de terre et de pierres, amoncelées par la chute de ce Tauretunum. Enfin *Evionnaz*, qui s'est élevée au rang de bourgade sur le lit de graviers et de fragments de roches, débris de la montagne, qui, depuis ce drame terrible, donnent à cette partie de la vallée un aspect triste et stérile ; puis, en dernier lieu, la cascade de *Pissevache*, chute de la Salenchqui, sortant d'un étroit ravin, à la hauteur de deux cent quatre-vingts pieds, se jette perpendiculairement dans la vallée du Rhône.

---

(1) Le 22 septembre 302, alors que Dioclétien et Maximien Hercule régnaient à Rome, une légion romaine, ayant pour chef Maurice, chrétien, comme la légion presque toute entière, et allant de *Tarnada (Saint-Maurice)*, à *Octodure (Martiny)*, fut sommée de sacrifier aux dieux, avant de rentrer en Italie. Sur son refus, elle fut décimée presque en entier sur le rocher où est actuellement la *Chapelle de Viroley*, qui a pris le nom de *Virorum luctus, viro-lez, supplice des hommes.*

Pour des touristes qui voyagent à pied, qu'un oiseau fait arrêter pour l'entendre, un brin d'herbe ou une fleur pour les cueillir, un rocher pour le mesurer de l'œil, une montagne pour l'admirer, un vallon pour en scruter la profondeur et les pénombres, c'est beaucoup de venir de Villeneuve à Martiny. Nous nous y arrêtons pour souper et coucher. Mais auparavant, en souvenir de notre excursion d'il y a quatre ans, au Mont-Blanc, par la Forclaz, nous gravissons les premières pentes de cette montagne qui fait face à notre route du lendemain. Oh ! je défie les plus habiles décorateurs, fussent-ils Cambon, Diéterle ou Séchan, de disposer une scène avec une plus merveilleuse entente de l'effet, que ne l'est l'aspect magique dont nos regards sont frappés. Nous le quittons bien à regret, mais la nuit tombe, une nuit brumeuse et glaciale, qui ne permet déjà plus que de contempler d'une façon confuse les formes gigantesques et les gracieuses échappées de la vallée, au point où elle tourne subitement vers Sion.

Après une nuit qu'un manque d'habitude de la fatigue rend assez mauvaise, nous sommes de bonne heure, le 4 août, sur la route qui, comme le Rhône, fait, à Martiny, un coude presque à angle droit, et se dirige vers Sion, à l'est. Tout autour de nous, au loin, les crêtes aiguës des glaciers brillent au soleil comme de gigantesques diamants. Sur les rampes des montagnes, la verdure sombre s'illumine peu à peu de reflets joyeux, et montre sur les plateaux les plus élevés de jolis chalets perchés sur des abîmes, où l'on supposerait que les aigles et les vautours seuls osent nicher. Leurs ondulations les plus basses apparaissent couronnées de tours en vigie qui semblent observer le voyageur qui passe, et, à droite et à gauche des cottages, des villas plus rares et des chaumières, se répandent déjà dans les champs de nombreux travailleurs. Nous cheminons ainsi entre deux bordures de monts altiers que l'on croirait pouvoir toucher du bras, bien qu'ils soient éloignés encore : mais il en est ainsi dans les contrées alpestres, la perpendicularité des plans trompe constamment l'œil sur les distances. Derrière nous s'élève la Forclas, avec ses chalets groupés sur le sentier qui conduit au Mont-Blanc. Devant nous, au contraire, le fond de la vallée, à travers laquelle coule le fleuve, présente un pays plat, rendu triste et malsain par les débordements du Rhône, dont les eaux stagnantes, faute d'écoulement suffisant, répandent des exhalaisons malfaisantes sous l'influence d'un soleil brûlant.

Rien de pittoresque comme l'approche de *Sion*. Figurez-vous deux mamelons dressés en barricade au centre de la vallée du Rhône, qui semble ne point passer outre. Sur ces mamelons isolés, élevez des remparts, des tours gothiques, les ruines magnifiques d'antiques donjons et de vieux castels percés à jour par la main du temps, et dont l'un s'appelle *Tourbillon*, l'autre *Valeria*, et le troisième *Majoria*. Tout autour, surtout au revers des talus qui nous regardent arriver, dressez des vieilles maisons, quelques palais sombres, un Hôtel-de-Ville moyen-âge, et la demeure seigneuriale des évêques, et vous aurez sous les yeux l'esquisse de Sion dans le Valais.

Nous y dejeunons à la *Croix-Blanche*, après quoi, comme le Juif-Errant, nous nous remettons aussitôt en marche. Derrière Sion, la vallée du Rhône et la route du Simplon s'offrent de nouveau sous le regard en une longue ligne blanche, toujours encadrée de ses formidables montagnes. Nous traversons *Sierre*, puis *Leuk*, où jadis nous avons eu maille à partir avec le maître de poste qui nous refusait des chevaux, sous le prétexte que Louesche-les-Bains, où nous allions, était niché trop haut. Aujourd'hui, grâces à nos jambes, nous rions à la barbe du digne maître de poste, nous nous acheminons fièrement vers *Tourtemagne*, *turris magna* sans doute, et nous allons coucher à *Visp*, misérable petit village assis au confluent de la Visp et du Rhône.

L'aube du 5 août blanchissait à peine les cieux que nous étions debout, prêts à partir. Cette fois nous avons dormi comme des marmottes et nos forces sont revenues fort à propos. Il s'agit, en effet, d'une excursion au Mont-Rose, avant de reprendre la route du Simplon, et nos guides, arrêtés de la veille, nous attendent à la porte en buvant le coup du matin.

A la vallée du Rhône qui remonte toujours à l'est vers la *Furca*, dont le glacier lui donne naissance, aboutissent, en face de Visp et sur le flanc septentrional, deux vallées qui conduisent à la grande chaîne des Alpes Italiques. La première de ces vallées, celle du côté oriental, par la *Plaine d'Aballa*, et le *Val de Saas*, se dirige vers les sommets du *Passage du Mont-Moro*, l'un des plus beaux de tous les sites alpestres. La seconde, celle du côté occidental, remonte le Val Saint-Nicolas pour atteindre le Mont-Cervin. Foin du Mont-Cervin, c'est au Mont-Moro que nous en voulons, parce qu'il nous permettra de dominer, de contempler, d'admirer le *Mont-Rose*, le Mont-Rose, dont il y a quatre ans, des hauteurs de la Gemmi, l'une des Alpes Bernoises, nous avons eu tant de bonheur à voir les blanches cîmes, légèrement teintées de rose, comme l'indique son nom. Depuis ce jour, le désir d'étudier de plus près ce mont colossal et majestueux, ne nous a plus quittés. Aujourd'hui que nous passons à sa portée, c'est bien le moins que nous allions déposer courtoisement notre carte à sa porte.

Donc, cinq heures sonnent à l'horloge de Visp quand nous commençons à gravir la plaine d'Aballa. A cette heure matinale, la nature offre au touriste un charme à nul autre pareil : tout s'éveille peu à peu sous les feux de l'aurore. Le soleil, à son tour, s'élance dans l'espace et allume de ses rayons d'or les glaciers et les montagnes, les rochers et les bois, les cascades et les rivières. Les oiseaux chantent, l'aigle des pics plane dans l'immensité des airs et cherche curée ; les chalets s'ouvrent, l'homme se montre partout, et, fort au loin, à des hauteurs vertigineuses, au bord d'effrayants précipices, on voit la fumée de pauvres chaumières révéler sa présence, et se mouvoir des troupeaux de génisses, grosses comme des fourmis, sur le velours vert des prairies aériennes. Quand nous plongeons le regard en arrière, sur le Rhône, les villages et la vallée ne semblent déjà plus à l'œil que ces petits hameaux de bois peint que les enfants tirent de leurs boîtes de sapin pour les étaler, le soir, à la veillée, autour de la lampe qui éclaire la famille : enfin le fleuve ne représente plus qu'un mince filet blanchâtre, et ses affluents de légers filets d'argent qui s'y rattachent.

A droite et à gauche de l'étroit sentier que nous suivons, escarpements abruptes ici ; là, clairières délicieusement dessinées sur les flancs de forêts de pins, avec rochers, mamelons sauvages, anfractuosités à pic, pelouses suspendues sur des abîmes, accessoires de toutes sortes. Rien de frais, d'élégant, de svelte, comme les magnifiques sapins de ces clairières. Ils ont un port majestueux et fier sous leurs manteaux de fourrure qui fait qu'on s'en écarte : quelques-uns semblent vous présenter familièrement le bras pour vous appuyer sur leurs longues manches verdoyantes. Couronnent-ils un précipice ? On se demande comment ils ont assez de force pour crisper leur racines autour d'une roche quelquefois, et souvent sur les marges branlantes de gouffres profonds. Parfois aussi, hissés sur des parois à pic, leur pied trempe dans l'eau d'une cascade argentine qui paraît devoir les entraîner dans sa chute, et dont cependant la fraîcheur continue les rend plus verts, plus gracieux, plus échevelés que jamais. Il est aussi des plaques de mousse fraîche d'où jaillissent vers les cieux des mélèzes, qui ne comptent pas moins de 60 pieds de hauteur.

Voici le village de *Stalden*. Tout change. Les aspects poétiques s'effacent, et commencent les scènes de désolation sauvage et de deuil. Le sentier gravit une gorge du caractère le plus âpre. Chaos, affreux escarpements, précipices, masses de rochers détachés des murailles à pic, nulle végétation, tout devient sinistre, effrayant à voir. Nous trouvons ici et là, un peu partout, quelquefois plusieurs ensemble, des croix en bois noir, plantées dans les endroits dangereux et indiquant combien le sentier qui longe ces abîmes a été fatal à d'infortunés voyageurs, écrasés par des roches détachées des hauteurs. On compte plus de cent cinquante de ces croix entre Stalden, Aballa et Saas, aux lieux mêmes où d'horribles drames se sont passés. Nous remarquons des passages si périlleux, que plusieurs croix, formant des groupes funèbres, y indiquent la fréquente répétition de ces tristes accidents. Aussi, à la vue de ces pieux insignes qui portent les initiales gravées des noms des victimes endormies pour jamais sous ces rochers qui leur servent de mausolée, et les lettres P. P. N. c'est à dire *priez pour nous !* nos guides se signent, nous nous découvrons tous, et notre gaîté première s'envole.

A Stalden succède *Aballa*, qui donne son nom à la plaine, pauvre village, orné d'une église, placé au milieu de prairies et de jardins qui annoncent un sol moins ingrat, et une végétation plus favorisée.

Commence alors le *val de Saas*. Ce n'est qu'une succession de ravins et de petites plaines. Ce val est fort étroit. Rien de plus escarpé que les montagnes déchirées, pourfendues, lézardées, crevassées, prêtes à l'éboulement qui le bordent. Le torrent de Saas, resserré dans un lit très-profond qu'il a creusé avec fureur, se fraie difficilement son cours fougueux à travers ces quartiers de roc qui tombent sans fin des montagnes, qu'il entraîne bruyamment ou qu'il franchit en bouillonnant de rage. On est obligé de le traverser souvent, à raison des zig-zags continuels qu'il se permet, et ce n'est pas sans émotion qu'on le fait, Milady, car les ponts sur lesquels on s'aventura ne sont que de mauvais pins pourris jetés en travers sur le gouffre, qui, en plusieurs endroits ne compte pas moins de cent, cent-cinquante, deux et trois cents pieds de profondeur ténébreuse, au fond duquel blanchit l'écume, et gronde la rage du terrible Saas. C'est à en avoir le vertige. Eh bien ! malgré l'horreur de ce site sauvage, il y a des montagnards, de pauvres familles, qui ont bâti leur nid, de misérables cahuttes de bois, sur les rochers surplombant le gouffre, de telle sorte qu'ils se trouvent dormir, suspendus sur le beau milieu du précipice. Çà et là d'énormes mélèzes, courbés sur les escarpements du torrent et ses gorges étroites, semblent des géants qui veulent lutter avec le danger. Bientôt le val devient un défilé rapide où les rochers, par leur étrange chaos, racontent éloquemment les terribles désastres que causent le temps et les hivers sur ces contrées alpestres. Pourtant, par une sorte de compensation, et comme dédommagement, on y est frappé parfois de l'aspect inattendu et fort gracieux de superbes cataractes qui embellissent ces lieux mélancoliques, en jetant leurs eaux dans ce ravin d'une hauteur considérable. A peine, dans leur voisinage, des rhododendrums et de maigres buissons donnent-ils de faibles signes de végétation.

Heureusement enfin le sentier s'élargit, devient moins raboteux, et bientôt le voyageur curieux découvre avec ravissement la plaine et le village de *Saas*. Un village et des hommes, une église et un prêtre dans ces montagnes où vous ne croyiez rencontrer que des chamois et des vautours ! Mais cela est ; et nous voyons même des femmes et des jeunes filles botteler le plus beau foin du monde sur des prairies en talus, rapides comme les ravenelles du moyen-âge.

Vous dirai-je, Milady, qu'il ne faut pas moins d'un jour de grande fatigue pour atteindre, en gravissant sans relâche, au-dessus de Saas encore, un assemblage de maisonnettes, placé sur un plateau verdoyant, sorte de palier du gigantesque escalier qui nous conduit au Mont-Rose, et que l'on nomme les *Chalets de Destal*. Nous y arrivons alors que la nuit tombe. Que le crépuscule est fantastique dans les montagnes, et quels aspects magiques nous y voyons à l'approche du soir ! Les troupeaux épars dans la prairie rentrent aux chalets, en faisant tinter leurs clochettes, à l'heure où nous arrivons très-silencieusement, car la fatigue nous a coupé la parole.

Dans la journée, nous avons vécu des provisions dont nous avons chargé nos guides : mais le soir, comme les pâtres des montagnes, nous vivons de lait excellent, d'œufs frais et du délicieux fromage que nous trouvons dans les chalets du plateau de Destal. Puis, harassés, n'en pouvant plus, nous nous endormons volontiers, enfouis jusqu'au cou dans un foin parfumé, dont l'arôme nous donne des rêves charmants. Ainsi, je me vois, dans ce bienheureux songe, danser avec une adresse dont n'approchèrent jamais les gymnasiarques Candler et Laristi, sur les pointes de tous les glaciers qui nous entourent, et que j'ai laissés une heure auparavant, brillant des derniers feux du soleil, comme de gigantesques candélabres brûlant à la gloire du roi des cieux. Cet exercice acrobatique fait honneur à mes jambes, sans doute, mais ma pauvre tête en a le vertige, car je tombe lourdement dans un gouffre affreux ! Heureusement je me trouve dans le foin, et enivré de ses douces senteurs.

Le 6 août, alors que tout dormait encore dans notre hémisphère, nos guides nous réveillaient impitoyablement. La toilette est bientôt faite quand on a dormi dans le foin, tout habillé, presque debout. En un clin-d'œil nous sommes sur le sentier de la montagne qu'éclairent faiblement les splendides constellations des cieux. Il s'agit cette fois d'arriver au sommet du Moro, avant six heures, alors que le brouillard des vallées ne s'élève pas encore, et n'enveloppe pas le Mont-Rose de ses voiles impénétrables. Nous gravissons donc avec une ardeur fébrile, en nous appuyant d'un côté sur notre alpenstock, et de l'autre, en donnant le bras chacun à notre guide. Le troisième de nos compagnons porte les vivres, un quatrième nous précède et éclaire la marche. Haletants, frémissants d'impatience, nous traversons encore quelques habitations endormies dans les ténèbres; puis nous franchissons des glaciers, des glaciers encore, des glaciers toujours, y voyant à peine, et nous fiant à la pâle réverbération de la neige. Enfin, avant l'heure, sans trop savoir où nous avons passé, nous nous trouvons huchés sur le plateau supérieur du *passage du Moro*, alors que le soleil sort radieux des nuages de l'orient, et vient éclairer, tout exprès pour nous, le plus admirable, le plus merveilleux, le plus extraordinaire des panoramas, que la main de Dieu ait peut-être produit sur notre globe sublunaire.

Ce Mont-Moro, par les vallées qui y aboutissent, servait jadis de ligne de communication entre le Piémont, qui y envoyait ses facteurs, et la Suisse, alors que la route du Simplon n'existait pas encore. Dans des Chartes datées de 1440, on cite ce passage comme *l'un des plus vieux passages des Alpes.* Sa crête, où nous campons, est à neuf mille cent pieds au-dessus du niveau de la mer. De cette élévation nous avons sous les yeux, s'élevant à des hauteurs inexprimables, dressant de toutes parts ses dômes, ses pointes, ses aiguilles et ses contre-forts, enfonçant en terre ses larges et massives assises, dirigeant en tout sens ses nombreux glaciers rigides, crevassés, profonds, incommensurables, sillonné par des vallées torrentueuses, le Mont-Rose blanc, mais d'une blancheur légèrement rosée, taché ici et là de laquets qui brillent de tons plus ternes, luciolant de toutes parts sous les feux du soleil, ombreux et verdâtre dans les larges lézardes de ses abîmes que ne pénètrent pas les rayons du jour. L'œil est frappé surtout des énormes déchirures de ses flancs que signalent des lignes de neige plus pure et plus mate. On les voit descendre de ses sommets les plus hauts, jusqu'aux voûtes de glace d'où s'écoulent les torrents auxquels ses glaciers donnent naissance. Les bases colossales du géant sont couvertes de sombres forêts de sapins et de mélèzes. Et, comme les étoiles se sont effacées des cieux, que le firmament est bleu, que le soleil rutile dans l'espace, que la verdure de la base, étant plus bronzée, sert de repoussoir aux neiges et aux glaces du sommet, le Mont-Rose devient une apparition sublime, magique, étrange, à laquelle on ne peut rien comparer. L'ensemble de cette scène grandiose, infinie comme son auteur, incommensurable quant à l'espace qu'elle occupe, donne une idée de l'immensité, et fait naître dans la poitrine du touriste d'ineffables émotions.

Du piédestal qu'il s'est fait, le voyageur contemple à loisir un des spectacles les plus extraordinaires que la nature puisse offrir. Toutes les masses exubérantes de ce merveilleux Mont-Rose s'offrent à sa vue, depuis ses pics les plus élevés, situés à des milliers de pieds au-dessus de sa tête, jusqu'au *Bassin de Macugnaga* qui repose, comme une oasis, comme un vrai nid de fleurs, à plusieurs milliers de pieds au-dessous de lui. Il se trouve entre l'Italie et la Suisse, au sommet de la haute muraille que la main de Dieu posa entre ces deux contrées. Du côté de l'Italie, au loin, son regard investigateur découvre les *Plaines du Piémont,* les *las Majeur* et de *Como,* leurs charmants rivages, et, plus près, sur les rampes mêmes du Mont-Moro, la bourgade de *Vanzone*, le *Val de Pottezana*, la *Vallée de Domo-d'Ossola*, celle d'*Anzasca*, celle d'*Antrona*, et le *Torrent de l'Anza*, qui tous ensemble semblent des écharpes de velours ou des passequilles d'argent flottant sur le sol d'Italie. Mais son œil revient avec plus de complaisance encore à ce bassin de Macugnaga, long d'une lieue, large de deux kilomètres, mais d'une verdure si belle qu'elle semble une émeraude de l'eau la plus pure enchassée sur une masse d'or. C'est comme dans l'arène d'un amphithéâtre, car cette petite plaine, de trois côtés, est bornée par de hautes collines. Quelques hameaux et une belle église capitonnent ce riche tapis de velours et ajoutent au prestige de la scène. De l'autre côté, la Suisse, avec son val de Saas, avec sa vallée du Rhône mouvementée comme un serpent qui se tord, avec les glaciers des Alpes-Bernoises, ses lacs, et la dent de Morcle ici, la dent du Midi là, le Léman au fond, et le Jorat, et le Righi, et la Jung-Frau, achève de le livrer à l'enthousiasme. Dominer ainsi le Simplon, le Mont-Rose, le Mont-Cervin, les Saint-Bernard et le Mont-Blanc, c'est à subir une impression qui jette dans l'extase. Mais une scène de cette nature ne peut se peindre. Pour la faire comprendre, la description est insuffisante. Il faut l'avoir vue pour la saisir, l'admirer et ne jamais plus l'oublier.

Le lendemain soir, 7 août, nous étions rendus à Visp, et le 8, nous reprenions gaîment la vallée du Rhône pour aller coucher à Brieg, commencer l'ascension du Simplon et faire notre seconde entrée en Italie.

En effet, dès le 9 août, un matin, sous un ciel ravissant de fraîcheur et de pureté, mais sans guides cette fois, libres et indépendants comme l'Arabe du désert, nous nous mettons en route, Emile et moi, et, tournant le dos aux Alpes-Helvétiques, à la vallée du Rhône, à Brieg, nous montons la première rampe du Simplon, dont la route s'élève, par une pente douce d'abord, entre deux bordures de montagnes qui la dominent. Derrière nous, cimes blanches de hauts glaciers, talus inaccessibles au pied de l'homme en apparence, et cependant habités par l'homme, car, si la fumée de chalets, cachés sans doute dans les replis des plateaux, nous le fait supposer, quelques flèches de clochers, indiscrètes et curieuses, nous le prouvent. Voilà Brieg, avec les cages de fer blanc qui, en couronnant les tours de son église, donnent à cet édifice un faux air de minaret; voilà Brieg, qui n'est plus pour nous qu'un mince petit joujou de Nuremberg sorti de sa boîte, et le Rhône qu'une corde d'or oubliée dans la vallée par une jeune fille folâtre. Du côté du Mont-Rose, les montagnes sont entassées les unes sur les autres comme de blancs fariniers qui se pressent et s'exhaussent mutuellement sur leurs épaules pour mieux voir par-dessus leurs têtes. On reconnaît les gerbes des aiguilles élancées du Mont-Blanc, les dômes dorés du Mont-Rose, et tout ce chaos de géants poudrés, enfarinés, qui se nomment Cervin, Saint-Bernard et Mont-Moro. De l'autre côté, comme contraste, l'œil se repose sur la verdure mate de mousses fraîches, de gazons immaculés, et de hautes pyramides de pins centenaires, de mélèzes séculaires, de forêts gigantesques qui montent avec les montagnes, s'accrochent à leurs précipices, bravent leurs glaciers, et s'échelonnent bravement à perte de vue jusqu'au plus haut des cieux, ici mouchetées de blanc, c'est un lac égaré sur un plateau, là sillonnées d'une longue écharpe d'argent qui flotte, c'est une cascade splendide, parfois semblant s'abriter sous de larges peaux de tigres; ce sont des pelouses dorées par la fenaison.

Il est facile de franchir le *Simplon* et d'arriver de Brieg à Domo-d'Ossola en un jour, la distance étant de treize lieues seulement. Mais nous ne sommes pas pressés, le ciel est magnifique, la route superbe, qu'importe donc que nous nous couchions au sommet de la montagne pour n'entrer que demain en Italie, et aller nous reposer dans sa première ville, Domod'Ossola.

Et puis d'ailleurs la poésie du voyage n'est-elle pas là, semant tout autour de nous ses rubis et ses perles, ses émeraudes et ses hochets d'argent, des grappes de notes harmonieuses et les grands spectacles de la riche nature, qui nous invite, nous captive, nous fascine? Sources qui babillent; colossales ondulations qui glissent, s'effacent, reparaissent dans des courbes gracieuses et disparaissent encore; horizons aux tons bleuâtres, aux teintes chaudes, qui fuient; précipices qui appellent le regard et terrifient le cœur; sapins à la désinvolture larmoyante qui pleurent échevelés; buissons qui verdoient joyeusement; troncs blancs qui, comme des spectres cachés sous les clairières ténébreuses, vous regardent passer; cabrioles de torrents, de cascatelles gémissantes, de cascades rieuses; paysans vaudois impassibles; jeunes filles au visage narquois vous regardant du coin de l'œil; chants de bouviers sur des plateaux invisibles; clochettes de troupeaux dans des pâturages aériens; ciel bleu, air vif et pur, douces brises et soleil rutilant, tout cela ne vous fredonne-t-il pas à l'oreille un hymne sans fin qu'il est de votre âme émue, généreuse et courtoise, d'écouter, de savourer, de redire avec amour?

Tenez, Milady, voyez ce *Torrent de la Salteline*, qui gronde, mugit, écume au fond de ce précipice longeant notre route : y a-t-il rien de plus capricieux et de plus pittoresque? On dirait les cris lugubres d'une âme en peine, égarée dans les ténèbres, qui réclame la lumière, son chemin, du secours...

Et la route elle-même, milady, croyez-vous qu'elle n'a pas sa poésie? Savez-vous bien qu'elle est le plus grand travail des temps modernes? Quoique César ne parle pas du Simplon dans ses *Commentaires*, il le désigne très-clairement quand il parle des *Sedoni*, qui, dans la crainte d'être asservis par les Romains, ne leur permirent pas de continuer les travaux commencés pour s'ouvrir un passage à travers la montagne. Alors le Simplon portait les noms de *Mons Cœpionis* et *Mons Scipionis* et *Mons Sempronius*, sans aucune allusion, du reste, aux grands personnages de Rome, illustrés sous cette appellation. Les Italiens l'appelèrent ensuite *Sempione*, et les Allemands, ses voisins, *Sempelen*, et enfin nous Français, *Simplon* ou *Saint-Plomb*.

Les Alpes, cette admirable muraille élevée par le bras de Dieu entre le monde européen et le paradis terrestre que l'on nomme Italie, avaient bien été franchies par Annibal, qui, au dire d'historiens facétieux ou naïfs, en avait fait dissoudre les rochers avec du vinaigre, quel vinaigre! par César ensuite; puis par Auguste qui, le premier, traça une route sur le mont Cenis ; par Charlemagne, qui refit cette route et la dirigea mieux ; puis encore par Charles VIII, Louis XII, François Ier et Richelieu ; mais néanmoins, jusqu'en 1800, les Alpes n'étaient sillonnées que par des sentiers praticables, au plus, aux gens du pays. Il fallut la guerre de la France avec l'Italie, et les grands mouvements stratégiques de la seconde invasion des Français dans la Péninsule, dont les Alpes furent l'étonnant théâtre; il fallut enfin la victoire de Marengo et le génie de Napoléon Ier, pour amener le triomphe de l'homme sur la nature sauvage de cette barrière, jusqu'alors si difficile à franchir.

Dans sa première expédition d'Italie, Bonaparte avait tourné les Alpes, et de Nice et de la corniche de Gênes, s'était fait une entrée en Italie. Dans la seconde expédition, comme un aigle audacieux, il prit son vol par-dessus les montagnes, entraînant de ses serres puissantes ses armées de pied, ses escadrons de cavalerie, son artillerie et ses équipages. Mais vainqueur du monde et voulant communiquer facilement avec toutes les parties de son vaste empire, il voulut exécuter ce que les Romains n'avaient pu faire.

Donc, immédiatement après la bataille de Marengo, Napoléon décréta que quatre grandes voies rattacheraient l'Italie, désormais son domaine, à la Savoie, à la Suisse, à l'Allemagne, à la France.

Aussitôt, pour la Savoie, le mont Cenis fut ouvert;

Pour la Suisse, le mont Saint-Gothard fut dompté;

Pour l'Allemagne, une route superbe traversa le mont Brenner, et, par le Tyrol, alla aboutir à Inspruck;

Enfin, pour la France, le Simplon, humilié, dut recevoir, pour mettre Milan en communication avec Paris, une route longue, dans la traversée de la montagne, de quatorze lieues, sur vingt-cinq pieds de large. Quoique le col du Simplon soit à six mille cinq cent soixante dix-huit pieds au-dessus du niveau de la mer, la pente en est partout presqu'insensible : aussi est-elle praticable aux voitures même les plus pesamment chargées. Le service de la route se fait même en hiver. Elle passe cependant par-dessus d'affreux précipices, au fond desquels vont s'ensevelir, avec un fracas épouvantable, de nombreux torrents. En outre, elle traverse six masses de rochers, dans lesquels on a creusé la route, formant alors des galeries longues de plusieurs centaines de pieds, et éclairées de distance en distance par des ouvertures. En sortant de ces galeries, on entre dans de délicieuses vallées, d'où l'œil découvre de noires forêts de sapins, des glaciers et de hautes montagnes de neige, dont l'éblouissant éclat tranche vivement sur le bleu d'azur du ciel, qu'elles semblent menacer. Des ponts hardis sont jetés çà et là entre deux montagnes, au-dessus de précipices dont la vue glace le cœur. Des maisons de cantonniers sont bâties à des distances régulières, autant que possible, pour servir aux voyageurs en cas de tempête. Au point culminant de la route, on rencontre une maison tenue par les religieux Augustins, fondée par Napoléon 1er, et munie de chiens dressés à sauvegarder les voyageurs lors des avalanches ou du gros temps. Bref, rien ne manque pour la sûreté et la commodité de la route. Ce merveilleux travail fut préparé et exécuté par un Français, *M. Ceard*. Commencée du côté de l'Italie, en 1800, et du côté de la Suisse, en 1801, il fallut trente mille hommes et un travail assidu de six ans, pour achever la route du Simplon. La dépense s'éleva à quatre cent mille francs par lieue ; jugez du chiffre total! Mais le but de Napoléon était atteint. Ce but se trahit, et du reste qui ne le devinait? lorsqu'il dit à l'ingénieur :

— Quand donc le canon pourra-t-il franchir le Simplon?

Pour vous faire comprendre la grandeur colossale de cette œuvre gigantesque, Milady, je vous dirai que le nombre des ponts élevés sur les torrents dont je parlais tout à l'heure n'est pas moindre de six cent onze, celui des galeries de dix ; et de vingt, le nombre des maisons de refuge. En outre, d'énormes constructions comme terrasses massives de plusieurs kilomètres de longueur, etc., complètent ce travail.

Il y avait une heure à peu près que nous suivions la route du Simplon, quand nous arrivons à la Saltine. Je l'ai dit plus haut, la Saltine bondit dans une énorme déchirure du sol, et on voit, à une immense profondeur, ses eaux furibondes qui se fraient un chemin à travers des blocs de schiste noir, jetés dans ce ravin par la convulsion qui donna passage au torrent. Cette première scène est majestueuse et sombre. Quand on atteint l'extrémité supérieure du ravin, en regardant devant soi, le voyageur voit au-dessus de sa tête les énormes calottes de glaciers au pied desquels la route le conduit, par des zig-zags et des sinuosités sans fin. Combien alors, dans cette solitude de la montagne, on se trouve petit, et comme la pensée se tourne vers Dieu ! Dieu n'a-t-il pas orné de ses mains le plus étroit et le plus abrupte du moindre coin de ce vaste univers? Bientôt la route décrit une courbe autour d'un sol uni que l'on nomme la *Vallée du Gauther*, et, après qu'on a traversé le nouveau torrent de ce nom sur un pont très-élevé, mais aussi léger que possible, afin de ne pas donner prise aux colonnes d'air qui accompagnent les avalanches, on pénètre dans un carrefour sauvage si horrible, si exposé aux chutes de neige, par l'entonnoir que forment en ce lieu les talus à pic des montagnes, qu'on a le cœur serré et l'âme trop à l'étroit. Eh bien! dans ce chaos même, où les sapins ne croissent plus, où la végétation est étiolée, fleurit la brillante rose des Alpes, la fleur du rhododendrium, qui y est vert et vivace, et s'épanouissent les gentianes, les mauves parfumées, le myosotis aux étoiles bleues, et la décoration du rocher, le gracieux saxifrage. Le moindre filet d'eau, une poignée de terre, un rien suffit à ces plantes pour sortir leur tête au soleil et sourire au voyageur qui passe, en lui rappelant le souvenir de leur auteur commun.

Nous atteignons *Persal*, petite auberge composée de deux bâtiments réunis par un toit qui tient lieu de hangar. Nous avons mis deux heures pour arriver à ce premier repos, et nous en profitons pour faire un déjeûner champêtre dont le vin doit nous communiquer l'agilité, la force nerveuse et l'infatigabilité des jambes de chèvres ou de chamois. Aussi, après l'avoir bu, ne pouvons-nous tenir en place, et sommes-nous obligés de repartir pour prendre l'exercice que réclament nos tibias.

Première galerie, celle de *Schalbet*. Elle a quatre-vingt quinze pieds de long, et domine le cours du Rhône de trois mille neuf cent vingt pieds. Le Rhône! Le voilà qui nous apparaît encore, mais au loin, dans une telle profondeur, qu'on dirait un cheveu gris sur une nappe verte. Pour toile de fond, du côté de la Suisse, pics illuminés, flamboyants du *Brut-Horn*, de la *Jungfrau* et du *Mœnch*, qui décorent l'Oberland, tandis qu'à leurs pieds s'étend le vaste et magnifique glacier d'*Aletsch*.

Nous reprenons notre essor vers les hautes régions du Simplon : mais une scène grandiose et sublime nous arrête bientôt encore. Image de la désolation, du désordre, de la nuit infernale, nous sommes entourés d'une solitude affreuse. Plus le moindre sapin : le sol lui refuse la mince nourriture qu'il réclame. Plus de fleur des Alpes, la poussière dont elle se contente est enlevée par le souffle des autans. L'œil erre tristement sur la neige et les glaciers, sur des roches fracturées, sur des aspérités grimaçantes, sur des cataractes qui beuglent et s'engouffrent dans des abîmes sans fond. Le soleil lui-même, voilé par les montagnes, refuse sa lumière à ce lieu de ténèbres. On y a froid : on grelotte ; des larmes vous viennent aux yeux. Où sont nos gentianes et nos myosotis de tout à l'heure? Pour en chercher, sans en trouver, il nous faut serpenter le long de précipices effrayants, pénétrer derrière des masses granitiques contre lesquelles le vent siffle, enjamber des torrents furieux, ou s'enfoncer dans d'horribles grottes au-dessous de formidables assises de glaces éternelles...

Nous nous éloignons, transis. Devant nous, glacier du *Pflecht-horn*, qui nous fait jouer les eaux de quatre cataractes que le vent soulève, jette en poussières, colle et fait mousser contre les parois de glace verdâtre, et réunit enfin dans un torrent dont les eaux passent sur une galerie de la route, où elle s'infiltre et nous apparaît ensuite, suspendue sur nos têtes en forme de stalactites. C'est d'un aspect sauvage à vous faire frémir. Le glacier dénudé, ses abords décharnés, ses rochers humides, tout est d'un spectacle à vous rappeler les sites les plus horribles que puisse peindre le Dante ou l'Arioste. Tel est le passage le plus dangereux de la route.

Ne craignez pas, Milady, que je vous énumère tous les ponts et toutes les galeries que nous devons traverser. Ce détail aride serait sans intérêt d'abord, puis il engendrerait une assommante monotonie. Je vous dirai seulement qu'à partir de ce point, on arrive au point culminant du Simplon. Une simple croix de bois nous en avertit : la vue de l'hospice nous le confirme. Ce plateau culminant n'est autre qu'une vallée d'une grande étendue, qu'entourent de toutes parts des montagnes aux cimes neigeuses. Il offre à l'œil l'apparence d'un lac desséché. Tout y est stérile, et nulle plante ne croît sur ses roches nues. J'en excepte quelques lichens et des herbes parasites fort peu gracieuses. Donc rien de pittoresque. Pourtant, au-dessous de la route, à droite, se dresse une haute tour, dépendance de l'ancienne maison des Religieux : son effet dans ce passage est si minime qu'il est inutile d'en parler.

Nous étions curieux de pénétrer dans l'hospice; comme jadis nous nous étions applaudis de connaître celui du Saint-Bernard. L'extérieur de cet édifice, terminé seulement en 1840, est simple, fort simple, mais il annonce une solidité à toute épreuve. Un des religieux vient à nous quand il voit que nous nous en approchons. Son accueil est aussi affable que nos paroles sont courtoises. Nous ne lui demandons pas l'hospitalité que la maison ne donne aux voyageurs qu'aux heures de tempêtes et pendant l'hiver ; mais nous lui exprimons le désir de connaître le couvent, et il s'empresse de nous en faire les honneurs. Nous y voyons une dizaine de chambres fort confortables pour les voyageurs qui un instant auparavant pouvaient être exposés à périr, un réfectoire des plus propres, une jolie chapelle, un salon avec un piano, et des dortoirs où nous comptons jusqu'à trente lits à l'usage des voyageurs ordinaires. Les bouches de chaleur, que nous trouvons ici et là, nous montrent que l'établissement possède un calorifère. Nous rencontrons aussi les autres frères, au nombre de trois. L'un d'eux, vénérable vieillard, nous accueille avec une grâce touchante qui va droit au cœur. Il nous prend les mains dans les siennes, s'informe de notre voyage, s'applaudit que nous ayons eu la bonne pensée de le visiter, se met tout à notre disposition pour la nuit qui va suivre. De ses offres généreuses nous n'acceptons qu'une seule chose, voir les beaux chiens qui vivent sous son toit et sont associés à la vie toute de charité des religieux. Notre désir est exaucé. A peine pénétrons-nous dans la cour où se trouve disposé leur chenil sous une sorte de halle fermée, saine et pure, que ces braves animaux fondent autour de nous, comme un tourbillon, se dressent de toute leur taille qui dépasse presque la nôtre, nous font mille caresses de la tête et de la queue, et, de leur grand œil intelligent et bon semblent nous dire : Nous sommes les amis de l'homme, et nous ne permettons jamais que ce roi de la création, notre Seigneur et Maître, périsse victime d'un danger, du moment où nous pouvons lui porter secours! Je vous laisse à penser, Milady, si nous restons froids devant les avances et les agaceries de ces chiens magnifiques. Au contraire, nous leur répondons par mille témoignages de bonne amitié, et bientôt nous nous trouvons avec eux dans les termes d'une vieille affection. Les religieux jouissent de notre amusement; et comme je les félicite de leur dévoûment et des services généreux auxquels ils consacrent leur vie entière :

— Mais c'est pour nous un bonheur, disent-ils. Tout homme ne doit-il pas payer sa dette à l'humanité? C'est notre genre à nous de servir la société, et nous le faisons de grand cœur. Si notre vie est rude sur la montagne, est-elle donc bien douce dans la plaine? Partout l'homme trouve la douleur sur son chemin. Ici, nous sommes peut-être plus heureux que vous ne le pensez. Quand cette échappée du ciel qui couronne notre Simplon s'enveloppe de nuages gris que pousse la rafale, quand gronde la tempête, alors que mugit le vent à faire ébouler les glaciers, que des trombes de neige tourbillonnent sur cette haute muraille que l'on nomme les Alpes, que les avalanches engloutissent la route, que le froid glace à tuer le corps le plus robuste, notre bras ne se lasse pas de sonner au dehors, tout autour de ce plateau, la cloche sonore qui doit porter au loin sa voix amie, consolante et douce. Alors nous crions : A moi, *Espérance!* A moi, *Salut!* A moi,

Vaillance ! A moi, *Sans-Peur !* Aussitôt, nos nobles chiens, répondant à notre appel par des aboiements empressés, nous précèdent, et nous partons, munis de nos longs alpenstlocks. Nous courons dans toutes les directions. L'un va à droite, l'autre à gauche, conduits par nos guides qui flairent la neige et les pièges qu'elle tend aux voyageurs errants. Au son de la cloche se joignent la grosse basse-taille d'Espérance, de Salut, de Vaillance et du bon Sans-Peur. Les échos des montagnes, malheureusement assourdis par le bruit de la tempête et les mugissements du vent, redisent nos clameurs de secours aussi loin que possible. Sur un signe, nos chiens s'élancent et sondent les moindres recoins. Nous visitons tous les défilés, nous parcourons tous les passages, nous allons donner un coup-d'œil à tous les sentiers, nous étudions la route, il n'est pas un endroit qui nous échappe. Quelle n'est pas notre émotion lorsque nous entendons l'un de nos animaux hurler d'une façon lamentable? C'est un signal de détresse ! Quelle n'est pas notre joie lorsque, au contraire, des aboiements réguliers frappent nos oreilles? C'est l'annonce d'un danger vaincu ! Nous courons à l'endroit que signale le bruit. Oh ! jamais vous ne pourrez vous peindre ni comprendre notre félicité, lorsque nous arrivons à temps pour sauver un corps qui allait périr, et retenir une âme qui prenait son vol là-haut ! Déjà nos chiens ont soulevé la tête de ce voyageur affaibli, épuisé, engourdi par le froid, presque mort... Déjà, de leur poil soyeux, de leur chaude fourrure et de leur brûlante haleine ils ont rendu quelque moiteur à cette pauvre femme égarée que la souffrance a privée de sentiment. Quelquefois même, déjà ces bonnes bêtes, seules, ou deux à deux, l'un aidant l'autre, emportent avec prudence, avec amour, pouvons-nous dire, le fardeau humain qu'ils ont trouvé caché sous le blanc linceul, quand ils peuvent le saisir et le porter. Alors, après les avoir bénis, nous achevons leur œuvre. Un bienfaisant cordial, dont ils sont porteurs à l'aide d'un panier attaché à leur cou, est-il intact? Nous le faisons boire au moribond afin de rappeler dans ses veines une douce chaleur. Puis, nous retournons en hâte à l'hospice, où un grand feu nous attend. Nous en approchons peu à peu les victimes chaudement enveloppées; un breuvage généreux leur rend quelque énergie. Les voici qui rompent les liens cruels d'un sommeil ennemi, leurs yeux s'ouvrent, la vie leur revient, ils nous sourient, ils sont sauvés ! Comme notre maître, Jésus-Christ, nous avons ressuscité Lazare, le fils de la veuve de Naïm, ou la fille du centenier de Capharnaüm. Nous sommes heureux! Oh ! croyez-nous, Messieurs, croyez-nous bien :

notre récompense est trop douce pour le peu de mal que nous avons eu ! Rendre un mort à la vie ! Mais c'est un bonheur, un honneur, une joie incomparables ! Aussi ne nous plaignez pas !

Courbe la tête dans ton tonneau, Diogène ! Humiliez-vous, Socrate, Platon ! Cessez de discourir sur les rives fleuries de l'Ilyssus ou du Céphise, Thalès, Pythagore, Xénophane, Aristote, Épicure, Zénon ! Philosophes grecs et philosophes latins, Sénèque, Marc-Aurèle, gardez un profond silence ! Et vous, Bacon, Descartes, Leibnitz, Locke, Gassendi, Condillac, Voltaire, philosophes des temps modernes, rentrez dans l'ombre ! Votre sagesse est bien pâle en face de cette haute philosophie pratique... Où sont vos vertus et vos services, en comparaison des vertus et des services de ces modestes religieux ignorés, méconnus, souvent méprisés, dédaignés, bafoués ? Pour eux, l'humanité n'est pas un vain mot. Ils ne raisonnent pas, ils agissent. La plus sublime de vos doctrines ne vaut pas le moindre des actes de ces êtres aveuglément dévoués, et toujours prêts à donner leur vie pour sauver celle du dernier inconnu que la Providence confie à leur vigilance !

Excellents frères ! Ils veulent nous retenir, nous faire dîner chez eux, avec eux. Mais nous partons, car la nuit vient. Alors, comme pour atteindre le village de *Simplon* qui n'est qu'à une courte distance, sur la descente, il suffit de peu de temps, le R. P. Supérieur nous accompagne avec ses chiens, qui gambadent autour de nous. Ce séjour rapide sur le Simplon a pour nous des charmes inexprimables. Certes ! je ne les oublierai de ma vie !

Ce soir-là, Milady, nous avons couché à Simplon, dans une auberge autant confortable que possible. On nous alluma un grand feu dans la salle à manger, et après notre repas, assez bien composé encore, alors que nous fumions un cigare avant de nous coucher, nous avons eu, Emile et moi, une vision des plus étranges. Je dis : Emile et moi ! car, quand je lui racontai mon aventure, il se trouva qu'il avait eu exactement le même spectacle que je vais dire :

Tout était calme au-dehors : tout était parfaitement paisible au-dedans. Nous étions seuls dans la salle, et, pour nous éclairer, nous n'avions que les reflets du foyer qui achevait de brûler les bûches de pin qu'on y avait entassées. Nous gardions le silence, comme gens affaissés par la fatigue, et repassant dans le recueillement de la rêverie les émotions des jours précédents. Tout à coup les murailles de l'enceinte me parurent s'agrandir, et devinrent une vaste plaine aux productions tropicales, à la végétation formidable, au ciel ardent, et aux tons chauds de l'Asie. De hautes montagnes bornaient l'horizon, vaporeuses, bleuâtres, cuivrées à certains endroits, crénelées et portant sur leurs versants des palais en ruines, des temples d'une singulière architecture, des pagodes, que sais-je? Au fond, au pied de vertes collines, des troupeaux d'éléphants paissaient dans des massifs de bambous et de frangipaniers. Çà et là, sous des bordures de lentisques et d'alicondas, je voyais errer des fakirs, des bonzes, des brachmanes, des femmes voilées à l'orientale, et des jeunes filles légères comme des gazelles, au teint bronzé, aux robes flottantes, aux coiffures bizarres, et je ne doutai plus que ce fût l'Inde, et ses riches cultures que j'avais sous les yeux. En effet, voici que sur la route, une route blanche qui sillonnait la verdure de la plaine, je reconnus, à leurs costumes qui m'avaient frappé dans le journal de l'*Illustration*, des bandes de Cipayes qui s'avançaient cauteleusement, les uns à pied, les autres à cheval, plusieurs en palanquin, et le plus grand nombre avec des éléphants qui traînaient des canons. Sur un autre point, une sorte d'état-major, en habits rouges, me fit deviner un gros d'Anglais qui suivait à la piste les Cipayes. Deux régiments, l'un de horseguards, l'autre de hidglanders, mais affreusement décimés, s'avançaient à la poursuite des Indiens avec une morgue, une dignité, ou plutôt une raideur qui me fit rire. Ce n'est pas ainsi que nos Français, nos *pioupious*, comme on dit, en semblable occurrence, eussent poursuivi des ennemis. Ils auraient plutôt rampé dans les hautes herbes, comme les *Mohicans*, sans laisser sur le sol la moindre trace de leurs *mocassins*. Bref, je devinai, à l'importance des habits rouges, et à la fixité du regard des Anglais, qu'il s'agissait pour eux d'une capture importante. C'était bien cela, car, parmi les Cipayes, j'avise un gaillard au teint cuivrée, à la physionomie expressive, tapi dans un palanquin royal, que des soldats indous semblaient garder avec un soin tout particulier..

— Serait-ce donc Nana-Saïb? me demandai-je tout bas.

J'en étais là de ma vision lorsqu'éclate inopinément un premier coup de feu...

J'ouvre démesurément les yeux, à ce bruit, et, revenant parfaitement moi, je me trouve le cigare à la bouche toujours, mais éteint, en face de la tenture de mauvais papier à personnages dont on a décoré la salle à manger de l'auberge. C'étaient ces personnages, Indous et Anglais, en effet, qui venaient, dans l'hallucination d'une fièvre de fatigue, de m'offrir, *gratis*, un spectacle féerique... Seulement, le coup de feu en question était tiré par un voyageur qui survenait, et, du dehors, donnait ainsi, aux gens de la pasada, le signal de sa présence. Quant à Emile, il était en contemplation muette, devant les tentures de papier dont les paysages et les héros s'étaient animés si follement durant mon sommeil.

Nous nous sommes empressés d'aller nous mettre au lit, où nous avons attendu, le lendemain, qu'il fît grand jour, et que le soleil nous éclairât de ses plus beaux et de ses plus chauds rayons, pour descendre le Simplon, et entrer en Italie par l'une de ses portes les plus majestueuses. Nous n'avions plus à faire que cinq ou six lieues.

Donc, pourvus d'un bon déjeuner, frais et joyeux, nous voici, vers neuf heures, descendant les rampes du Simplon, du côté de l'Italie. Nous atteignons d'abord la *galerie d'Algaby*, la première de la descente. Elle domine un torrent qui porte le nom de *Doveria*. Quelle fureur, quelles convulsions, quelle rage dans cette Doveria! Fille du glacier du Simplon, à peine née, encore à la mamelle, la jeune Doveria s'élance du sein qui lui donne le jour sans souci de son avenir. Elle part comme une folle sans pudeur qui se jette aveuglément la tête en bas. Elle lèche d'abord le rocher qui forme les énormes assises de la montagne, puis tout aussitôt, s'acharnant sur sa proie, elle le creuse, elle le dévore, elle le ronge, elle l'entame, elle le taille, elle le perfore, elle le fend, le sépare, le déchire, l'use, le polit et se trace, tout le long de ses pentes, un lit si parfaitement combiné selon les accidents du sol que l'ingénieur qui a levé les plans de la route a pris une leçon de cette folle farouche, et n'a pas cru devoir mieux faire que de suivre le sillon tracé par elle, et de marcher côte à côte avec le torrent. Nous la perdons de vue un moment pour pénétrer sous la galerie d'Algaby, à laquelle, en 1814, on mit un habit de guerre, et une armure de bataille. Elle le conserve encore aujourd'hui. Créneaux et meurtrières défendent l'entrée de la galerie en regard de l'Italie. Le fait est que nous sommes là dans un joli défilé des Termopyles.

A la sortie, on retrouve la Doveria, et sous sa conduite, on pénètre dans la *Gorge de Gondo*. Attention ! nous allons voir l'une des grandes scènes des Alpes. La nature a repris ses pinceaux et nous prépare là un décor digne de sa féconde et capricieuse imagination.

La gorge de Gondo commence par rétrécir la descente du Simplon, et s'enfonce profondément dans la plus horrible déchirure que puisse subir une montagne. La route devient prisonnière des hautes parois à pic des rochers qui s'arrondissent au-dessus d'elle en voûte de cachot. Les escarpements des murailles gigantesques de droite et de gauche sont tels qu'ils la dominent, et la coiffent en la surplombant. L'air vous manque sous cette voûte grandiose. A peine y découvre-t-on quelques coins d'un ciel bleu. La lumière manque : on ne marche plus que dans les ténèbres, et on croirait descendre aux enfers. Roches abruptes, schistes sauvages. Pas un brin d'herbe. Sur les hauteurs, se détachant sur l'azur du firmament, à des milliers de pieds au-dessus de vos têtes, comme des panaches de géants, vous voyez flotter quelques vertes ramures. Ce sont des sapins cramponnés aux rochers qui se penchent, échevelés, sur l'horrible abîme. Le lit du torrent, la base des parois, la route même qui marche en corniche sur le gouffre creusé par la Doveria, sont encombrés de fragments de roches qui se détachent sans fin de ces effrayantes murailles qui les enserrent et les menacent.

Vient le *Ponte-Alto*. Il coupe la Doveria, que l'on franchit en tremblant et dont on voit blanchir les eaux qui hurlent et se démènent dans d'immaginables convulsions.

Mais comment aller au-delà ? Un rocher colossal, apporté là par quelque Titan, ferme la route. Ne vous effrayez pas, Milady, l'ingénieur a très-adroitement percé le rocher pélasgique, et il y a taillé la *Galerie de Gondo*, la plus longue du Simplon, cinq cent quatre-vingt-seize pieds. Des jours habilement ménagés l'éclairent ici et là ; aussi pouvons-nous y lire ces mots gravés sur le roc : *Ære Italo*, 1795. *Nap. Imp.* Ce qui veut dire : Ce travail a été fait avec l'or des Italiens, en 1795, alors que Napoléon Ier, Bonaparte seulement alors, gouvernait le monde.

Quel travail, en effet, que cette galerie ! mais aussi quelle âpreté de nature dans cette descente du Simplon ! Nous marchons dans un étrange clair-obscur. La lumière descend à grand'peine dans cette étroite et profonde entaille du rocher. Les torrents n'y coulent plus, n'y roulent plus : ils y tombent en effrayantes cataractes. Roland est-il donc passé par là? Sa terrible durandal a-t-elle pourfendu d'un seul coup ce flanc de la montagne? Plus enragée que jamais, la Dovéria tonne, éclate, saute de roc en roc, éclabousse le granit, entraîne avec elle des schistes monstrueux qui roulent avec le bruit de la foudre, vole en dentelle, en poussière, en fumée, s'agite dans d'inexprimables contorsions, se tord comme un serpent furieux et ruine tout ce qui s'oppose à sa fureur.

Mais elle n'est plus seule à faire tapage, à mugir, à beugler, à s'ébattre, à se ruer du haut en bas de la gorge. Le *Frascinode*, un autre torrent tourbillonnant, tombe comme une trombe déchaînée d'une des parois du rocher cyclopéen qui borde la route, et force le grand chemin à lui dresser un beau et formidable pont, pour qu'on puisse le franchir. Quelle verve bruyante dans son ronflement de chantre enrhumé ! Comme ce Frascinode exécute bien son duo avec la Doveria.

Maintenant que le voyageur se donne la peine de se retourner pour voir la gorge qu'il a franchie ! Il reste stupéfait, ébahi, terrifié, bouche béante, réduit au silence. Il a devant soi des masses de roches qui s'élèvent verticalement jusqu'au sommet de la montagne, à des hauteurs incalculables. Le duo des torrents se change en un quatuor, car voilà, près de lui, deux chutes d'eau venant des glaciers du Rosboden qui prêtent à la Doveria et au Frascinode le concours de leur rauques mugissements, et l'admirable effet de leur écume blanche se précipitant dans le gouffre obscur ! Les roches rugueuses, noircies, ruisselantes, prêtes à se détacher des parois, déjà sur l'abîme, laissent à peine entrevoir une traînée du ciel bleu luisant au sommet des murailles à pic comme un dernier adieu du jour. On est debout dans les ténèbres ; on s'engourdit dans la mort. C'est une scène imposante, terrible, qu'on ne peut décrire. Rien de plus farouche, rien de plus sauvage, rien de plus pittoresque, rien de plus affreusement romantique.

Autre merveille, en reprenant la descente de la route. La gorge s'évase peu à peu : elle devient vallée. La Doveria se range enfin, paraît plus sage, renonce à ses dentelles, à sa poussière, à sa fumée, à ses brouillards, et s'étale au large comme une folle fatiguée qui cherche le repos. Le jour revient ; les tons gris et blafards s'effacent : des teintes plus vigoureuses, des nuances plus chaudes leur succèdent. Çà et là des chalets, des chaumières, commencent à montrer le nez sous des groupes d'arbres, et voici *Gondo*, que précède un pont. C'est le dernier village du Valais. La route suit les mille ziz-zags taillés en corniche dans le rocher. Nous nous estimons fort heureux d'être à pied, car passe près de nous une chaise de poste qui descend au triple galop, dans un harmonieux carillon de grelots, mais aussi dans un horrible tohubohu de soubresauts qui frisent perpétuellement l'abîme. Enfin nous saluons une mine d'or, encore exploitée, source des honneurs et de bien des gloires mortelles, hélas !

Alors voici venir *Isela*, le premier village sarde, où se fait la touchante cérémonie des passe-ports et la visite non moins agréable de la douane. Heureusement on nous traite comme gens sans importance. Nous abrégeons, du reste, l'opération par l'étude de la haute philosophie dont le Piémont fait preuve en inscrivant sur le premier cadran que l'on trouve dans ses états, ce magnifique aphorisme :

*Torna, tornanda il sol, l'ombro smarrita, ma non ritorna
più l'età fuggita.*

Ce qui signifie :

*L'ombre effacée revient avec le soleil, mais l'âge, lui, ne
revient jamais plus !*

Arrive béant le souterrain d'Isela, arche étroite taillée dans la roche vive, un peu au-dessous du village. *Val Dovedro* ensuite, puis très-beau pont sur affreux torrent. Sensiblement la nature s'égaie, le paysage sourit, la route s'anime. Voici des paysans, voici des chars, voici des bœufs aux longues cornes. Des chemins de traverse débusquent des lavandières, jeunes filles joyeuces qui jabottent à l'envi, et ne laissent pas de nous fixer de leur œil noir qui pétille. Voici des villas blanches, des bouquets d'arbres verts, des clochers jaunes. Guirlandes de pampres, berceaux d'oliviers, avenues de mûriers. Adieux à la Doveria qui se voile un moment sous un pont des plus hardis. Ses culées, par épouvante de la folle capricieuse, se dressent à une hauteur de quatre-vingt-dix pieds. C'est le *pont de Crevola* qui ouvre la *Vallée d'Ossola*.

Nous sommes en Italie! tout nous le dit, les sérénités du paysage, les tons vigoureux du ciel, les parfums répandus dans l'air, les vignes en treille, de vastes cultures de maïs, le gazouillement des sauterelles, les villages avec leurs hautes tours carrées qui se montrent jusque sur les collines sous des flots de verdure, et le coassement des grenouilles à l'approche du soir. Car la nuit vient. Déjà le soleil s'est couché derrière les Alpes qui nagent dans les vagues rutilantes des derniers feux du jour, tandis qu'à l'Orient la perspective reste baignée de brumes bleuâtres des nuances les plus douces.

Nous atteignons bientôt *Domo d'Ossola*, l'antique *Oscella*, au temps des Romains, la *Corte di Martarello* du moyen-âge, que couronne un petit fort, qu'arrose la rivière de *Toce*, la bourgade jadis fief du duché de Milan, aujourd'hui la première petite ville des États Sardes, du côté du Simplon. A cette heure, c'est une petite ville sans importance, sans points de vue magiques, mais qui occupe un site délicieux, au pied du Simplon. Elle donne immédiatement et sans transition, un spécimen des villes italiennes, que ne conservent pas les cités, ses voisines. Maisons à colonnades, rues garnies d'auvents, boutiques assorties de macaroni, de charcuterie, d'ail et autres ingrédients fort prisés des méridionaux; flâneurs les mains dans les poches, lazzaroni en bonnet rouge, les jambes nues et couleur d'acajou; femmes voilées avec leurs mantilles, prêtres et moines à peu près partout, telle est la physionomie des villes purement italiennes, et tel est l'aspect du Domo d'Ossala. C'est un petit coin de Naples, transplanté dans le nord.

Nous sommes, à cette heure, à l'Hôtel de la Poste, c'est là que je vous écris, Milady, et c'est de là que je vais vous faire mes adieux. Je désirais vous peindre les beautés pittoresques de cette entrée en Italie, comme vous m'aviez peint vous-même les beautés suaves de votre Irlande. Puissé-je n'être pas resté au-dessous de ma tâche ! Je tenais aussi à vous faire voir que le souvenir de nos relations passées vit dans mon cœur. Enfin j'avais le désir de vous rappeler que notre petit Claude occupe souvent ma pensée. En maints endroits j'ai recueilli pour lui les plus belles fleurs alpestres que j'aie trouvées sur mon chemin. Je les lui réserve, car autant que sa mère, paraît-il, ce cher enfant aime les *Forget mi not*, *les Blue bells* et *les Liby of the valley*. Dites-le lui, en l'embrassant au nom de son parrain.

Maintenant, Milady, je vais quitter le voisinage des lacs Majeur, de Côme, de Lugano, et les curiosités de leurs rivages que nous connaissons, pour aller à la recherche de l'inconnu. Votre souvenir me suivra dans mes excursions, comme il me suit partout ; et si je rencontre de ces splendeurs de nature qui soient en harmonie avec les goûts que je sais être vôtres, c'est à vous que j'en adresserai la description.

A miss Mary O'Dwaire, mes affections les mieux senties ; et à vous, Milady, les plus sincères tendresses d'un cœur respectueux et dévoué.

VALMER.

II

A MADAME FANNY DOULET, A PARIS.

Une avalanche sans périls. — Lignes rassurantes pour le cœur d'une mère. — Aspects des Alpes sur leur revers italique. — Tableau de genre. — Où continue le voyage pédestre. — Moissons et vendanges. — Danse au tambourin. — Églogues et bucoliques. — Chasse et plaisir d'automne. — Moyen d'éviter les coups de fusil. — *Bellinzone.* — Ses trois châteaux et ses trois baillis. — Où l'on ne s'attend pas à trouver les Français. — *Colico.* — Routes du Splugen et du Stelvio. — Le jardin de la Lombardie. La province de Valteline. — *Sondrio.* — L'Engadine. — Point d'histoire. — Église de Sondrio. — Val de Malenco. — Lac d'Isea. — La rivière de l'Oglio. — Vallée de Camonica. — Traversée du lac sur un steamer. — *Isea.* — Une soirée d'Italie. — Brescia. — Admirable site. — Ville-haute et Ville-basse. — La Piazza Grande. — Les deux cathédrales. — La plus vaste coupole de l'Italie. — L'aqueduc du diable. — Les ruines du temple de Vespasien. — Le Broletto. — Brigitte Avogadro, la Jeanne Hachette de Brescia. — Cinquante églises. — Santa Afra. — Où il faut des échelles pour voir les tableaux. — La Loggia. — Palais et galeries. — Les grands hommes de Brescia. — Arnaud, de Bresse. — Ses erreurs. — Pourquoi l'on prêche aux peuples la sainte liberté. — Arnaud, de Bresse, maître de Rome. — Où conduit l'orgueil. — Le bûcher de l'hérétique.

Bellinzone, 12 août 185...

Vous écrire quinze grands jours après vous avoir quittée, c'est bien tard, ma bonne mère, je le sens, je m'en accuse et j'en ai beaucoup souffert! Mais notre voyage se fait à pied, par étapes très-fatigantes, et, quand vient, le soir, l'heure de se recueillir et de résumer ses impressions dans une lettre, je me sens si lourd et si épais, mes yeux appellent si fort le sommeil et mes jambes le lit, que j'ai différé de jour en jour à vous adresser cette lettre. Enfin je me mets à l'œuvre, de Bellinzone où nous perchons pour le quart d'heure, et, avant toutes nouvelles, je vous adresse les plus tendres baisers, les meilleures caresses et toutes les pensées que vous m'avez inspirées depuis notre séparation, ce qui forme un bloc énorme dont l'avalanche va vous..... faire plaisir.

Nos santés sont parfaites : sur ce point n'ayez cure. Nous arpentons le monde en vrais géants : notre appétit rend des points à celui des caraïbes, nous sommes gais comme pinsons, curieux comme jeunes filles, bavards comme... le moulin Joly, et nous courons résolument aux aventures à l'instar de Robinson.

Croirez-vous que nous, que vous supposez si fort attachés à l'asphalte de nos boulevards de Paris, nous avons gravi, mais le sac au dos, mais l'alpenstock à la main, le Mont-Moro, l'un des plus beaux sites des Alpes? Mieux que cela. Nous sommes allés aussi près que possible du Mont-Rose, le frère jumeau du Mont-Blanc. Croirez-vous que nous, que vous dites bons tout au plus à marcher pendant une heure au Bois de Boulogne, nous avons escaladé le Simplon, à pied encore et toujours l'alpenstock au bras? Au Simplon comme au Mont-Rose que d'impressions!

Puis nous avons fait station à Domo-d'Ossola, pour recouvrer nos forces et reprendre haleine. Enfin nous avons continué notre excursion, à travers champs, de la façon la plus excentrique.

Sur le revers italique, les Alpes sont taillées à pic. C'est une effrayante succession de parois verticales, superposées, déchirées, crevassées, rugueuses, sillonnées de cascades, couronnées de monstrueux glaciers, qui, comme une muraille titanique, arrête le voyageur surpris, et le contraint à se tenir dans une pose toute d'immobilité, de surprise et d'examen, cherchant, avisant, scrutant du regard, sur quel point la chaîne des montagnes, sans talus, sans rampes, lui permettra le passage. Dans ces aspects sauvages d'une nature abrupte, escarpée, horrible, qui vous fait la grimace et vous défie, il y a un spectacle grandiose, fantastique, qui vous impressionne et vous saisit. C'est précisément cette barrière pélasgique, infranchissable à première vue, que M. Valmer veut suivre pendant quelque temps, pour en mieux connaître et mieux juger les beautés farouches, si différentes des aspects majestueux, solennels, gracieux et si bien fondus qui décorent les pentes des Alpes du côté de la France, de la Suisse et de l'Allemagne. Aussi, afin de bien comprendre le trajet fort curieux que nous allons faire pour nous rendre de Domo-d'Ossola à Brescia, en tournant les lacs, Milan, Monza, Lecco et Bergame, sans y rentrer, puisque nous les connaissons déjà, faut-il que vous ayez recours à la carte d'Italie, ma bonne mère. Vous verrez que nous décrivons un arc de cercle au pied des Alpes, et autour de ses villes, au nord-est, pour rejoindre cette belle avenue de splendides cités qui nous conduit à Venise, à savoir, Brescia, Vérone, Vicence, Padoue, etc.

Donc, à pied, toujours à pied, le bâton à la main, en vrais Compagnons du Devoir, nous nous remettons en route dans l'Italie septentrionale, où le voisinage des montagnes, de leurs glaciers et de leurs cataractes, tempère la chaleur, et dont les régions montueuses, accidentées, coupées de cent cours d'eau, capitonnées de mille bourgades suisses, sardes, lombardes et allemandes, offrent toujours quelque curiosité d'art et de nature. Cette façon de voyager, libre, indépendante, toute de caprice et de fantaisie, a certes bien son charme.

D'ailleurs la campagne offre plus d'agréments que jamais. Déjà l'on a fait la première récolte des maïs, et la seconde se prépare. Les rizières sont encore couvertes de leurs produits, mais le coup-d'œil y gagne des teintes variées qui sont de la plus belle nuance. Une nouvelle fenaison est en pleine activité, car, ici, les prairies sont fauchées jusqu'à trois fois, grâce au système d'irrigation qui est en usage, et qui consiste à donner, chaque jour, écoulement aux rivières sur les prés qu'elles inondent pendant quelques heures. D'autre part on achève de moissonner les blés. Ainsi l'on voit tout à la fois exécuter les travaux de l'été et commencer les œuvrées de l'automne. En effet, les pampres aux feuilles rougies par le soleil ardent du midi, présentent leurs grappes noires et dorées à la main du touriste altéré qui n'a garde de ne pas cueillir les plus appétissants raisins. Les longues guirlandes de vignes aériennes qui courent d'arbre en arbre, en festons continus, les hauts ceps qui bordent votre route, comme pour le passage d'une procession sacrée, ou pour l'arrivée triomphale de quelque grand personnage, vous engagent à vous rafraîchir, autant qu'il vous convient et à les admirer. Les colons qui en cueillent le fruit, les chars qui le reçoit dans ses cuves, les conductours des bœufs qui le mènent au pressoir, l'ensemble des mouvements qui se font dans la plaine, anime le paysage et ferait croire que tout le pays est en fête. D'un côté chants des moissonneurs ; de l'autre chœurs des faneuses ; plus loin joyeuses causeries des vendangeurs : tout respire la gaîté, l'aisance et le bonheur.

Sur les coteaux, de nombreuses jeunes filles, sous la surveillance d'une matrone, commencent la cueillette des figues, et leur grand œil méridional, autant malin que curieux, vous invite à vous approcher pour entendre vos compliments sur les beaux fruits de l'Italie. Timides et réservées d'abord, pour peu que vous demeuriez en extase sur la saveur de ces énormes figues violettes, fendues, chargées de grains d'or prêts à tomber par leur crevées, elles s'enhardissent bientôt dans un espoir de lucre. L'une d'elles alors, d'une branche d'arbre auquel il est suspendu, décroche bien vite son tambour de basque, et aussitôt, entraînées par le bruit des castagnettes et du naïf instrument, nos jeunes italiennes font frétiller à l'envi leurs jupes courtes à bordures rouges, et dans les poses les plus gracieuses, et dans les évolutions les plus bizarres, d'un tourbillon fantastique de corsages bleus et de hanches à plis verts, vous entourent, vous fascinent, et ne s'arrêtent que pour réclamer, haletantes, de leur main hardie, le prix, en piécettes blanches, du plaisir que vous ont donné leurs rondes et les chansons dont elles les accompagnent. Sous des massifs épais de hauts noyers, ailleurs, de grands drôles, la gaule à la main, battent en mesure le feuillage, et en font tomber les noix vertes qui ce soir feront vos délices. Enfin, de longs chariots, attelés de buffles au poil brun, portent aux grangées les trésors de Cérès, ou les bottes monstrueusement entassées d'un foin parfumé, dont l'arôme imprègne l'air qui vous enivre. De toutes parts retentissent les clameurs des bouviers, et, pendant qu'ici sonne au loin l'angelus du midi ou du soir, là, retentissent les fanfares harmonieuses des trompes de chasse.

Car la chasse est ouverte, et de tous les sentiers débusquent les Nemrods de la contrée, le fusil au bras, le carnier en bandouillère et le chien en quête de gibier. En effet, sous les pampres découronnés, couvent et gloussent les grives affriandées par le raisin, égaré ou tombé du cep. Les cailles pépitent, aussi nombreuses que les nombreuses touffes d'herbe. Les lièvres vous passent dans les jambes, et semblent jouer aux barres pour narguer le voyageur désarmé. A toute heure, nous faisons lever les plus belles compagnies de perdreaux, et si nos alpenstocks pouvaient se changer en carabines, comme un digne fils d'un très-noble chasseur, ma bonne mère, je vous aurais envoyé déjà quelques douzaines de grasses victimes. On se croirait dans une contrée de guérillas : c'est une vraie petite guerre qui se fait autour de nous. Pas une minute qui n'ait son coup de feu. Les tirailleurs fourmillent autour, en tel nombre, que nous craignons toujours qu'à l'encoignure de quelque petit bois, à la sortie des chemins creux, au détour de collines ou du milieu des vignes, et dans la pénombre des grands arbres, on ne me prenne pour quelque chamois dévoyé, et M. Valmer pour un ours cherchant curée. Aussi, en homme de haute prudence, mon compagnon de voyage, qui tient à passer pour ce qu'il est, a-t-il eu la fantaisie d'attacher un mouchoir blanc à la corne de son alpenstock, qu'il brandit comme une lance. Il s'avance de la sorte, ainsi que le ferait un parlementaire dont le caractère sacré éteint les mèches des canons et suspend les projectiles prêts à vomir la mort avec le feu.

Voilà comment nous traversons la belle et riche plaine, semée de nombreux vallons, de gracieuses collines, et de charmants cours d'eaux, qui s'étend de Domo-d'Ossola à Bellinzone, au nord des lacs Alpestres.

Bellinzone, qui appartient au canton suisse du Tessin, n'est pourtant déjà plus suisse, mais elle n'est pas non plus encore italienne. Elle tient le milieu entre les deux genres. C'est une jolie petite cité avec des rues étroites, des maisons à arcades, des portiques autour des places, et des terrasses que couronnent des orangers, des myrtes et des lauriers-roses. Moins les accents tudesques qui vous y déchirent les oreilles, on se croirait déjà dans une ville du centre de l'Italie. Elle remplit la vallée, et n'a de limites que le fleuve du Tessin qui descend du mont Saint-Gothard, va traverser le lac Majeur, et s'unir au Pô, près de Pavie. Des collines boisées l'entourent de toutes parts, et servent de piédestal à trois châteaux féodaux ruinés, dont les pans de murailles à jour, et les vieux donjons ébréchés produisent un délicieux effet de paysage. Jadis ils étaient occupés par les trois baillis suisses, chargés de gouverner le district. Car, la situation de Bellinzone, au point de rencontre du mont Saint-Gothard, du mont Bernardin, de Lugano et de Locarno, sur les lacs de Lugano et Majeur, ayant toujours fait de cette ville une place de guerre, et la clé du passage de la Lombardie en Allemagne, les Suisses, dès les premiers temps, en firent l'acquisition moyennant deux mille quatre cents florins du seigneur de Masox. Sigismond, empereur d'Allemagne, confirma le titre des Suisses. Mais le duc de Milan, Philippe-Marie Visconti, dont les ancêtres possédaient ce territoire, n'approuva pas ce marché, et, saisissant une occasion favorable, il surprit la garnison suisse de Bellinzone, où il pénétra avec le secours des Milanais, conduits par Della Pergola, et reprit possession de la ville et de sa vallée. Mais les Suisses, rentrés à leur tour dans Bellinzone, malgré le duc de Milan, y construisirent ces trois châteaux-forts qu'ils rendirent formidables. Le plus vaste de tous, le *Castello Grande*, fut élevé sur la cime isolée qui domine la ville à l'ouest, et aux frais du canton d'Uri, dont les soldats s'y établirent en garnison, avec un bailli nommé tout exprès pour y veiller sur les mouvements du Milanais. A cette heure encore, ce vieux manoir sert d'arsenal et de prison. Le second château fut placé à l'est, sur des mamelons plus bas, et reçut le nom de *Castello di Mezzo*. Il appartint au canton de Schwytz, qui y mit garnison, et un bailli avec des instructions analogues à celles données au bailli de Castello Grande. Enfin la plus haut placée des trois forteresses fut, à l'est aussi, le *Castello Corbario*, qui fut le domaine du canton d'Unterwalden. Il eut aussi ses soldats et son bailli.

Un pont traverse le Tessin qui, dans ce moment, n'en occupe que deux ou trois arches, et dont les inondations sont arrêtées par une forte digue, longue de huit cent quatre mètres, nommée *Fondo-Ripario*. Lorsque notre François I vint en Italie pour réclamer l'héritage du Milanais, ses soldats furent employés à la construction de cette digue qui est un admirable ouvrage. J'aime à citer nos Français quand il s'agit de grandes œuvres qui ont un noble but d'utilité. C'est un plaisir qui m'est souvent donné dans l'Italie, que nous n'avons occupée que bien peu de temps, il est vrai, mais où notre passage a cependant laissé de beaux souvenirs, et des preuves d'une civilisation exemplaire.

Bellinzone possède aussi une belle église de construction moderne, et dont toute la façade est en marbre blanc. Nous y voyons bon nombre de couvents disséminés dans la ville. En outre, un de ses faubourgs, celui de *Ravecchia*, en-dehors de la porte de Lugano, montre, avec un orgueil légitime, une très-antique église, celle de Saint-Blaise.

Mais quelques charmes que nous offre Bellinzone, nous partons. Aussi j'emporte avec moi cette lettre commencée à l'Albergo del Aquila d'Oro, et qui sera terminée, ou au moins continuée à...

Sondrio, 14 août 185...

De Bellinzone nous nous sommes acheminés vers *Colico*, ma très-bonne et très-aimée mère. Colico est une petite bicoque placée à l'extrémité nord-est du lac de Como, et que nous avions vue, l'an dernier, mais du Promontoire de la Villa-Serbelloni, qui partage le lac de Como en deux branches, celle de Como et celle de Lecco. Assise dans le voisinage de l'*Adda*, au point où ce fleuve se jette dans le lac de Como, à sa troisième pointe, celle du nord, car le lac de Como a la forme d'un fer de flèche, s'élance au beau milieu du lac pour aller sortir par la pointe de Lecco, Colico avait beaucoup à souffrir d'émanations paludéennes. Mais d'énormes terrassements ont desséché les marais que formait l'Adda, et depuis lors cette ville prend de l'accroissement, et devient un centre d'activité commerciale d'autant plus considérable, que c'est là qu'aboutissent les *routes du Splugen*, conduisant chez les Grisons, et du *Stelvio*, la route la plus élevée de l'Europe, deux mille huit cent soixante-dix mètres, qui met Inspruch en communication directe avec Milan et le nord de l'Italie.

Nous avons fait un déjeuner rapide à Colico. Puis, comme j'entendais vanter beaucoup à une table voisine de la nôtre, les beautés de la *Brianza*, la contrée située entre les deux branches du lac, de Como à Lecco, et que l'on nomme le *Jardin de la Lombardie*, j'exprimai le désir de diriger notre route de ce côté. On y trouve des vallons fertiles, de riches coteaux, des sources d'une limpidité merveilleuse, une douce température, de charmantes villas. Cette hymne en l'honneur de la Brianza m'électrisait. Mais sire Valmer éteignit mon enthousiasme en rappelant à mes souvenirs, un instant dévoyés, que l'an dernier, dans nos recherches des sites chantés par Manzoni, nous étions en pleine Brianza. Donc, le soir même, continuant l'arc de cercle que nous décrivons autour de Milan, et suivant cette route si prodigieusement élevée du Stelvio, qui traverse la belle province de la Valteline, nous gravissons sa rude montée, nous traversons plusieurs galeries qui nous rappellent les souterrains du Simplon, et, par de nombreux zig-zags, creusés à grand'peine, nous venons coucher à Sondrio.

A *Sondrio*, nous sommes au centre de la Valteline, dont cette petite ville est le chef-lieu : et c'est un point de l'Italie que M. Valmer désirait que nous connussions.

Rien de plus curieux en effet. La Valteline, *Vallis Tellina*, n'est cependant qu'une vallée qui s'étend de l'Adda au lac de Como, au sud et à l'est du fleuve et du lac ; mais elle compte deux mille deux cents kilomètres carrés. L'Adda la traverse, Sondrio la décore, et de hautes montagnes l'entourent. Elle forme autour de la Valteline une sorte de cirque percé d'un grand nombre de passages qui conduisent dans l'*Engadine. Qui est à la tête de l'Inn*, telle est la signification de ce mot. L'Engadine, en effet, est une autre vallée circulaire, arrosée par l'*Inn*, qui se rend à *Inspruck*, et entoure au nord toute la Valteline. Cette dernière, grâce à ses montagnes, à leurs cols, aux belles plaines, aux charmants vallons qui la composent, a des sites d'un pittoresque inimaginable et devant lesquels nous restons en admiration. Après avoir formé la limite de la Rhétie, au temps des Romains, cette charmante vallée passa aux Ostrogoths, aux Francks, aux rois de Germanie, et fut donnée, comme fief, par les empereurs d'Allemagne, aux évêques de Coire, qui en furent dépouillés tantôt par la ville de Como, tantôt par les ducs de Milan. En dernier lieu, les ligues grises, c'est-à-dire des Grisons, en Suisse, et l'évêque de Coire, en 1512, reprirent la Valteline, sur laquelle l'évêque céda ses droits aux ligues grises, en 1530. L'Espagne ensuite convoita ce territoire pour joindre le duché de Milan au Tyrol, alors que Charles-Quint dominait la contrée. Les intrigues de cet empereur firent soulever les habitants contre les Grisons, en 1620. Mais la France soutint les ligues grises, et envoya le duc de Rohan à leur secours. Son armée remit les Grisons en possession de la Valteline. Plus tard, Bonaparte, à son tour, déposséda ces derniers de cette riche vallée, en 1797, et elle devint alors le département du Sondrio ; mais en 1814, le pays fut donné à l'Autriche et réuni au royaume Lombard-Vénitien.

Or, Sondrio, où nous arrivons, capitale de la Valteline, est une petite ville située sur l'Adda et la route d'Inspruck, au centre d'ondulations charmantes, et au pied d'un renflement du sol que couronne un antique castel. Etagée sur des rampes qui s'élèvent à trois cent soixante-deux mètres, elle occupe l'ouverture du *Val de Malenco* qui s'enfonce dans les montagnes et le pays des Grisons. Sa cathédrale, ainsi que son théâtre, ont été construits d'après les dessins du fameux architecte *Canonica*. Elle possède aussi un fort bel hôpital. Son commerce est des plus actifs à raison de sa position centrale. Je vous signalerai la polenta aux mauviettes et aux grives que nous sert notre tavernier. Nourris des plantes de la montagne, ces délicats volatiles nous ont donné une jouissance gastronomique à nulle autre pareille.

Le lendemain, 14 août, hier, nous quittions Sondrio, et sa route accidentée du Stelvio, et, prenant un chemin de traverse des plus romantiques, par monts, par vaux, par des plaines délicieuses, nous arrivons, vers midi, au *lac d'Iséa*, élevé de deux cent-vingt mètres au-dessus du niveau de la mer, entre le lac de Como et Bergame, à droite, et le lac de Garde, à gauche, à une distance moyenne de trente-cinq à quarante kilomètres des uns et de l'autre. Il est formé par les eaux de l'Oglio. Il compte quatorze milles de longueur, du nord au sud, et sa largeur, de l'est à l'ouest, est de trois à quatre milles, sur une profondeur de trois cents mètres.

Vous voyez, ma bonne mère, que la courbe de notre ellipse est complète, et que, du nord venant maintenant au sud, nous allons arriver prochainement à Brescia.

La rivière de l'*Oglio*, qui, découlant des environs de Bergame pour aller se jeter dans le Pô, traverse le lac d'Isea, en longeant une route qui communique avec le Tyrol, au nord du lac de Garde, arrose la plus grande vallée de la Lombardie, après la Valteline. C'est la *Vallée de Camonica*, qui occupe tout le côté oriental de ce lac d'Isea. Elle ne compte pas moins de cinquante-cinq mille habitants. C'est vous dire combien elle est fertile. Aussi mille villas blanches capitonnent ses verts côteaux et sourient aux travers des bocages verts encore, qui la bordent. Le lac étincelle sous les feux du soleil qui se mire dans ses eaux du sommet de l'empyrée. De gracieux villages, de vaporeuses bourgades ornent ses rivages dont les splendeurs se reflètent sur sa surface. C'est un aspect romantique qui récrée le regard. Voici même un bateau à vapeur qui chauffe et se tient prêt à sillonner ses vagues à peine ridées par une brise légère. Aussi nous hâtons-nous d'y aller prendre place. Je suspends donc encore la fin de ma lettre qui vous arrivera de Brescia, sans aucun doute, ma bonne mère, parfumée de toutes les tendresses que j'amoncelle en mon cœur pour en faire une gerbe d'amour...

Brescia, 15 août 185...

Le vapeur du lac nous a été d'un grand secours, mère chérie : en deux heures nous avons traversé la belle nappe d'eau d'Isea. Au loin, très au loin, nous avions à notre droite, vers le couchant, la vénérable cité de Bergame, et, tout près des rives du lac, à notre gauche, au levant, les villages de *Pisogno*, *Marone* et *Sulzano*. Bref, nous arrivons à *Isea*, la jolie bourgade qui donne son nom au lac, alors que sonnent quatre heures.

Une sorte d'omnibus qui fait le service d'Isea à Brescia nous a reçus tout aussitôt, et, par une très-belle route, variée, fort capricieuse, semée de cent points de vue délicieux, et que rendirent plus agréable encore les jeux de lumière du soleil couchant, l'approche des ombres de la nuit, la lune à son lever, en un mot des mirages fantastiques d'un crépuscule d'une exquise transparence, nous a conduits à Brescia.

Nous avons pris gîte en toute hâte à *l'Albergo e Trattoria della Torre di Londra*, où, très-à propos, nous avons trouvé nos bagages qui nous attendaient. Aussi, comme c'est aujourd'hui la fête de la Vierge et sa bienheureuse Assomption, dès le matin, avec nos fleurs et nos prières, nous sommes allés, dans l'un de ses sanctuaires, déposer aux pieds de son image, notre alpenstock désormais inutile, mais béni, bien béni, puisqu'il nous a dirigés, sans aucun accident, de Genève à Brescia, dans notre pérégrination pédestre, à travers des passages difficiles, des précipices effrayants et des sentiers passablement dangereux.

Savez-vous bien que c'est une fort agréable ville que *Brescia*, *Brixia* jadis, ou *Bresse* en vieux français, à votre choix? Elle occupe un site charmant dominé par les Alpes : elle domine, à son tour, la Lombardie toute entière, avec ses plaines fertiles et ses riches bourgades. L'Oglio est un réseau de cours d'eaux qui sillonnent la verdure d'un immense bassin, comme des filets d'argent soutachant et brodant un tapis de velours ; le chemin de fer qui de Milan se dirige par Brescia, Vérone, Vicence et Padoue, à Venise, l'objet de nos vœux ; et la belle route blanche, maintenant détrônée par le rail-way. Aussi du haut de ses édifices, comme des terrasses ou des fenêtres des maisons particulières, on a de toutes parts un coup-d'œil enchanteur. Brescia, ville de guerre à toutes les époques, conserve, en outre, une enceinte de remparts d'au moins quatre milles de circuit. Dans son quadrilatère elle renferme une ville haute et une ville basse, et enfin elle couvre sa tête d'une puissante citadelle qui semble vous narguer, comme ferait un géant de son casque d'airain.

La Piazza Grande du centre de la ville est d'un aspect magique : façades imposantes de deux cathédrales d'âges bien différents, l'une vieille, *Duomo-Vecchio* ou la *Rotonda*, à cause de la belle coupole qui la décore ; l'autre, *Duomo-Nuovo*, magnifique temple tout de marbre, surmonté d'un dôme splendide, le plus vaste de l'Italie, après celui de Saint-Pierre de Rome, toutefois. Puis vieille et haute *tour carrée* s'élevant vers les cieux ; enfin *fontaine de marbre* surmontée d'une statue, et *portiques* de l'effet le plus pittoresque, préservant tout à la fois et des rayons déjà bien chauds du soleil d'Italie et des averses fort capricieuses dans ces contrées, promenoir d'été et d'hiver pour les nombreux flaneurs de la vénérable cité.

Les rues, larges et bien pavées, offrent, à leur milieu, des rails de belles pierres plates à l'usage des voitures, comme à Milan et autres villes de Lombardie. Quantité de fontaines font jaillir leurs eaux limpides sur les places et dans les carrefours, en gerbes, en cascades, en nappes, et y portent la fraîcheur et l'animation. Un antique aqueduc, construit du temps de l'empereur Tibère, et que le peuple a baptisé du nom d'*Aquidotto del Diavolo*, l'aqueduc du Diable, y amène de loin des eaux pures et aussi abondantes que celles de Rome. Certains quartiers, plus modestes et plus solitaires, s'égaient cependant de massifs d'énormes lauriers roses en fleurs qui vous sourient de l'intérieur des cours qu'ils décorent.

Brescia possède les ruines fort curieuses d'un temple dédié à l'empereur Vespasien. Il est tout en marbre et montre encore de belles colonnes corinthiennes et trois cellas dans son enceinte. Une colonne antique, qui faisait l'admiration d'un artiste, le peintre *L. Basileti*, donna l'idée de faire des fouilles sous le sol qu'elle couronnait, et l'on découvrit ce temple. Alors on utilisa ces cellas en les consacrant à un musée auquel l'antique podium du temple donne accès. On y a rangé avec ordre les bustes, bas-reliefs, fragments de toute sorte trouvés à Brescia. Mais nous y admirons surtout une magnifique statue en bronze, de deux mètres de hauteur, de la *Victoire ailée*, jadis dorée, et tirée des fouilles en 1826. C'est le spécimen le plus splendide de l'art antique qu'il soit possible de trouver. Elégance, draperies d'une souplesse merveilleuse, ailes parfaitement attachées, couronne de lauriers délicieusement exécutée, tout est d'une exquise perfection dans cette œuvre.

Un autre monument du moyen-âge a fixé aussi notre attention. C'est le *Broletto*. Le Broletto est l'ancien palais de la ville, alors que Brescia était république. Il fut construit de 1187 à 1215. On y trouve beaucoup d'ornements en terre cuite. Il est de style lombard, sévère, grave, et solide à défier les âges et à prouver qu'il tient du caractère public de cet âge énergique et viril des libertés communales. Malheureusement en 1797, des mains impies ont profité des troubles révolutionnaires pour y dérober les souvenir de gloire des Brescians, surtout le portrait d'une certaine *Brigette Avogrado*, qui, comme notre Jeanne Hachette, à la tête d'autres femmes casquées et cuirassées, contribua au salut de sa patrie, en repoussant les soldats de Visconti, dans le siège que le tyran de Milan faisait de Brescia, en 1438.

En outre de ces deux cathédrales, qui renferment de fort belles peintures, il est encore dans Brescia cinquante autres églises :

La plus remarquable est *Santa-Afra*, fort ancien édifice, bien différent aujourd'hui du style primitif qui lui était affecté. On y voit la Femme adultère du *Titien*. Je dit *on y voit*, j'ai tort. Pour voir ce tableau remarquable il faudrait une échelle, tant il est placé haut. Heureusement j'avais ma lunette, et plus heureusement encore la toile verte qui, d'ordinaire, le recouvre, paraît-il, était tirée sur le côté de manière à lui envoyer un jour plus favorable. Nous y avons aussi contemplé un *P. Veronèse*. On reconnaît qu'on approche de la patrie de cet artiste fameux, Vérone. Son tableau représente le martyre de sainte Afre. Est-ce le jour peu propice, est-ce le jour propice, est-ce une suite de restaurations maladroites? je ne saurais dire ; mais nous trouvons cette peinture sèche et froide.

Inutile que je vous nomme *S. Barnaba, SS. Nazairs et Celse*, où la sublime figuae d'un saint Sébastien nous captive par son expression de souffrance et son délicieux coloris, un *Titien* encore, ne vous déplaise, puis *S. Maria Calchera*, *S. Maria dei Miracoli*, *S. Maria delle Grazie*, et bien d'autres encore.

Mais n'oublions pas de vous signaler le palais Municipal, *la Loggia*, comme on dit à Brescia. C'est un fort bel édifice en marbre qui date du xv° siècle. *T. Formentone*, et surtout *Sansovino*, le fameux Sansovino, y ont fait celui-là le premier étage, celui-ci le second. Quant aux fenêtres, elles sont dues à *Palladio*. Trois très-habiles architectes pour un seul monument! Au moins cette Loggia, œuvre de la renaissance, mérite-t-elle l'admiration par sa façade élégante et la richesse de son ornementation. Un incendie, en 1775, lui fit bien de cruelles blessures ; ce n'était pas au monument que les flammes en voulaient, c'était aux archives renfermant des franchises octroyées aux Brescians, par les empereurs d'Allemagne, reconnues par les doges de Venise, Foscari et Lorédan, mais odieuses au Sénat de la République, et au conseil des Dix. Ah! partout, partout le droit du plus fort est toujours le meilleur. Aussi le Vénitien, gouverneur de Brescia, porta-t-il la torche dans la Loggia des Brescians !

La *Galerie Tosi*, le *Palais Gambara*, la *Bibliothèque publique*, les cabinets des *Familles Averosdi, Lecchi, Tenaroli, Martinengo, Cesavesco*, le *Jardin public*, et même un *Théâtre* construit sur le modèle des anciennes scènes romaines, ont tour à tour notre visite. Mais, pour vous en raconter les beautés, et vous en ciseler les curiosités, il faudrait un volume.

Je vous recommanderai seulement, à l'endroit du Jardin public, de ne pas trop éveiller votre imagination. C'est une place fort modeste, dans la partie orientale de Brescia. Elle possède, à son juste milieu, une fontaine cachée sous terre, où les bonnes ménagères de la ville font laver leur lessive. Une ou deux rangées d'arbres y donneraient un peu de verdure, si les cigales qui en font leur séjour, ne les rongeaient jusqu'à l'écorce. Mais, souvenir digne de mémoire ! cette place reproduit l'enceinte d'une ancienne *arène*, où jadis se donnaient des *tournois*. Ici, que l'imagination sorte de sa coquille : Sonnez, trompettes, hennissez, chevaux de bataille ; cliquetis d'armures, retentissez ; et, d'estoc et de taille, en avant, chevaliers!

Un dernier mot sur Brescia, à l'occasion des hommes fameux auxquels elle a donné naissance, *Tartaglia*, le mathématicien, les comtes *Mazzuchelli* et *Corniani*, et surtout *Arnaud*, dont la renommée a fait plus communément *Arnaud de Bresce*.

Il faut vous représenter, tout d'abord, qu'à l'époque dont il s'agit, le XII° siècle, une foi naïve, vive et ardente, dispose les esprits à une surexcitation fébrile qui permet l'égarement aux âmes les plus pures. Il en est ainsi, j'imagine, pour l'homme dont je veux rappeler le simple souvenir.

En 1100, naît à Brescia, de parents vulgaires, un enfant qui, dès les plus tendres années, montre un grand amour du savoir et de ses mystères. Alors n'étudiait pas, ou étudiait mal, celui qui ne venait pas à Paris s'éclairer de son vaste foyer de lumière. Le flambeau du moment était le célèbre Abeilard. Arnaud de Bresce, notre jeune héros, non-seulement reçoit les doctes enseignements d'Abeilard, mais il adopte même ses erreurs. On les inculpe tous les deux, le maître et l'élève, pour des propositions obscures et inintelligibles sur le dogme de la Trinité. Seul, Abeilard abjure modestement tout ce qu'il peut y avoir d'erroné dans sa doctrine, et meurt regretté des moines de Cluny ; tandis que, Arnaud, retournant en Italie, prend l'habit monastique, et se met à répandre l'hérésie par ses prédications orgueilleuses. Il fait plus. Le voici qui entreprend une croisade contre le clergé, et prétend le réformer en faisant revivre la primitive église.

Est-ce folie, orgueil, acrimonie de caractère qui le porte à agir ainsi? Il y a un peu de toutes ces misères, je crois. Ce qu'il est sûr, c'est que par le levain de sa nouvelle doctrine, notre réformateur excite des troubles dans plusieurs villes, fait triompher l'émeute, et rend les prêtres victimes de ses opinions fanatiques, que partage la plèbe. Condamné par le Pape *Innocent II*, et par le Concile de Latran, Arnaud de Bresce est bien un instant contraint de quitter l'Italie et de se réfugier dans le diocèse de Constance, où il prêche encore à Zurich la *Sainte Liberté des Peuples*. C'est toujours au nom de la liberté que les hérétiques, comme les révolutionnaires, portent les populations, qu'ils déchirent, d'une calamité moindre dans un malheur bien plus grand. Mais voici que, retrempé dans la solitude, l'apôtre du désordre s'élance de la Suisse, rentre dans l'Italie, et s'acheminant droit vers Rome, en chasse successivement deux pontifes, *Lucius II* et *Eugène III*, et met en fermentation les plus mauvaises passions de la populace romaine.

Alors maître de la ville éternelle, ivre d'orgueil, Arnaud de Bresce allie la réforme politique à la réforme religieuse. Il rétablit la république romaine, comme au temps des Publicola et des Coriolan. Il compose un sénat, nomme des consuls, se livre à mille excentricités pitoyables. Le peuple qui aime ce désordre auquel il trouve toujours le profit de nonchaloir, de l'amusement et des festins, se divertit des folies d'Arnaud de Bresce et le soutient de ses bras. Dix ans se passent dans un tel état de choses. Mais après l'orgie, vient le réveil. Il est cruel et terrible pour Arnaud.

Le pape Eugène III est mort dans l'exil. *Anastase IV* lui succède et meurt à son tour sans avoir eu le temps de prendre des mesures pour rétablir l'ordre. Mais *Adrien IV* monte sur le trône de Saint-Pierre, lorsque Frédéric Ier, le farouche Barberousse, venu d'Allemagne pour tirer vengeance des rébellions des villes de la Haute-Italie, soumises à l'empire, s'approche de Rome pour prêter main-forte au pape Adrien. Poussé à bout, le pontife avait mis Rome sous l'interdit. Jamais, jusqu'alors, la capitale de la chrétienté n'avait éprouvé ce châtiment spirituel. Aussi le peuple, bon dans le fond, commence à murmurer d'être privé des saints offices à l'approche de Pâques. Alors le sénat engage Arnaud à s'éloigner, et, à cette condition, il réconcilie la ville avec le pape. Arnaud se retire dans le manoir d'un gentillâtre de la Campanie et attend. Frédéric n'attend pas, lui. D'abord il fait arrêter le comte campanien, et le force à lui livrer Arnaud. Puis il enferme le réformateur au château Saint-Ange. Enfin, un matin, il fait conduire l'infortuné patient sur la place destinée aux exécutions, à l'extrémité nord du Corso, devant la Porte du Peuple. Là, Arnaud de Bresce est élevé sur un bûcher, attaché à un poteau, en face du Corso et des deux voies qui lui sont parallèles. Le misérable Arnaud peut mesurer des yeux les trois longues rues qui aboutissent à son échafaud : elles embrassent une moitié de Rome. C'est là qu'habitent les hommes qu'il a si souvent appelés au désordre. Ils reposent encore, ignorant le danger de leur législateur. Le tumulte de l'exécution et les flammes du bûcher les réveillent bientôt. Mais, c'en est fait, Arnaud de Bresce est mort, et il ne reste plus qu'à recueillir ses cendres (1)...

---

(1) Les historiens varient beaucoup en parlant du lieu où fut supplicié Arnaud de Bresce D'abord, à Rome, les savants affirment qu'il fût brûlé sur la *Place du Capitole*, à l'endroit même où se trouve la statue de Marc-Aurèle. Sismonde-Sismondi le fait mourir à la *Porte du Peuple*. Le Dictionnaire de Bouillet lui fait trancher la tête au *Château Saint-Ange*, etc.

Mais laissons se refroidir la dépouille du coupable et les passions de ses complices, ma bonne mère. J'aime mieux vous dire que la fête d'aujourd'hui a été pompeusement célébrée dans cette ville. Nous en avons suivi les pieuses réjouissances. J'ajouterai qu'à Marie, votre sainte de prédilection, nous avons demandé, M. Valmer et moi, bien des faveurs pour vous. J'ai sollicité d'elle, surtout, le bonheur, le suprême bonheur de vous aimer longtemps, sur cette terre, côte à côte avec vous toujours, ma main dans votre main, mon cœur contre votre cœur, dans l'enivrement d'un amour filial à jamais dévoué, et de ne vous retirer de mes bras que pour m'endormir dans les vôtres, du dernier sommeil, mais... le plus tard possible.

Au revoir, bonne mère, mère chérie, au revoir ! A vous, oh ! à vous de toutes les facultés de mon esprit, de toutes les puissances de mon âme, de toutes les tendresses de mon cœur de fils.

Emile DOULET.

III

A M. DRIOU-VELLARD, A MARSEILLE.

Érudition géographique. — Étymologies. — Où et comment figurent les Gaulois. — Brigh Seach. — Brixia. — BRESCIA. — Revue historique. — Les Bruscati. — Où reparaît le terrible Jean-Galéas Visconti. — Envahissements d'un despote. — François Novello de Carrare. — Conspiration contre une femme. — La mauvaise tête. — Le règne d'un tyran. — Jean-Marie Visconti. — Philippe-Marie Visconti. — Où se montre le célèbre Carmagnola. — Le squelette de Monza. — Une ville morte. — Série de conquêtes. — Topographie de Brescia. — Deux villes et trois citadelles. — Siége fameux. — La porte Garzetta. — Comment meurt, la tête sur le billot, un homme de guerre épargné par cent batailles. — La chatte mielleuse. — Second siége mémorable. — Un escadron de femmes casquées et cuirassées. — L'assaut. — Blocus. — Le capitaine Piccinino. — Le condottiere Francesco Sforza. — Une flotte par-dessus les montagnes. — Un tour de force exécuté par Piccinino. — Comment riposte le condottiere Sforza. — A quel propos apparaît la noble figure de Gaston de Foix. — Le Chevalier sans peur et sans reproche. — La courtoisie d'un Français. — La ligue de Cambrai.

Brescia, 17 août 185...

— Brescia?...

Oui, Brescia ! La ville de *Brescia*, l'antique *Brixia*, où je me trouve à cette heure, est placée entre le 45° et le 46° degré de latitude septentrionale, et sous le 8° degré de longitude orientale du méridien de Paris. C'est une ville du royaume Lombard-Vénitien, chef-lieu de la Délégation de ce nom, à 80 kilomètres de Milan, à l'est, située entre la *Mella*, affluent de l'Oglio, et le *Naviglio*, canal qui sort de la *Chiese*, autre rivière aboutissant, ainsi que le Naviglio, au susdit Oglio. Enfin, c'est l'une des anciennes places fortes de l'Italie septentrionale. Elle ne compte pas moins de 40,000 habitants. Aussi s'étale-t-elle fort à l'aise, au grand soleil, sur une gracieuse éminence, disposée en amphithéâtre, préservée des vents du nord par la haute chaîne des Alpes rhétiques, dont les dernières ondulations forment son piédestal. De là, comme une coquette qui cherche à se faire admirer, et comme une curieuse qui veut tout voir, elle plonge son regard indiscret sur ce vaste et magnifique jardin que l'on appelle la Lombardie. A sa droite, elle domine Milan et Pavie ; à ses pieds, s'étendent Plaisance, Crémone et Mantoue ; à sa gauche, elle compte pour courtisans Vérone, Vicence, Padoue et la belle Venise. Des longues terrasses de ses promenades, comme des plate-formes de ses maisons, et des tours de ses édifices, avec une longue-vue, on peut suivre et contempler les points lumineux de Fornoue et de Marignan, les deux gloires de Charles VIII et de François Ier ; et l'auréole magique dont les brillants rayons lui rappellent notre vaillance et nos triomphes : Mondovi, Montenotte, Lodi, Castiglione, Rivoli, Arcole, Mantoue, Bard, Montebello, Marengo, etc., immortelles victoires dont notre immortel Napoléon Ier a doté cette vaste scène, cet immense champ de bataille, la Lombardie.

Or, comme je flâne en Italie, mon brave frère, c'est de Brescia que je t'écris pour te dire que je vis, que je t'aime, et qu'à mon retour, j'irai goûter la fameuse bouille-abaisse marseillaise, avec toi et les tiens, à la table de famille. Mais aussi, mon brave lieutenant du quarante-septième de ligne, je veux te raconter, à l'occasion et à l'endroit de Brescia, de belles ruses de guerre, de rudes coups d'épée, et des sièges, et des batailles, et des escarmouches, et des combats à faire retrousser de plaisir ta vieille moustache grise.

Les Gaulois, nos ancêtres, étaient de farouches joûteurs, tu le sais. Ils ne se contentèrent pas toujours de cueillir le gui sacré sur les chênes vénérables de forêts druidiques, et il ne leur suffisait plus d'écraser de leur framée ou d'occire de leur francisque les ennemis qui les frôlaient de trop près. Ils s'ennuyaient souvent d'écouter, en l'honneur de leur Hésus, les hymnes sanglantes de leurs bardes ou les chants plus doux des vierges de leur île de Sen. Alors, trouvant trop étroite la Gaule, passablement étendue cependant, maintes fois ils déchirèrent les Alpes pour s'en venir ici et là, en Italie surtout, planter leurs tentes, cueillir des limons et des oranges, et voir si la verveine y poussait comme dans leurs landes ou sous leurs futaies.

Ils savaient bien que les Etrusques, descendants des Pélasges, en occupaient le nord, et les Osques, les frères des Etrusques, le sud. Ils savaient bien que Osques et Etrusques avaient la possession du pays, et qu'ils y avaient construit des villes. Mais que leur importait la possession? pour eux, le droit du plus fort devenait le meilleur.

Donc, sur ce principe, mille ans avant notre ère, les Gaulois des montagnes, *Insubriens* et *Ombriens*, c'est-à-dire les Gaulois qui se nommaient eux-mêmes hommes forts et vaillants, de la langue celtique *Is-umbra* et *Umbra*, passèrent les Alpes et s'établirent, les Insubriens au pied du Mont-Cenis, du Saint-Bernard, du Mont-Rose, et le long des deux rivières du nom de Doire, et les Ombriens sur les déclivités et dans les plaines voisines du Saint-Gothard, des Alpes-Rhétiques, entre le Pô, l'Oglio, et l'Adige. Refoulant ainsi devant eux les Etrusques, comme des nuées de ramiers effarouchés, les ramiers s'enfuirent devant les vautours, et allèrent former cette contrée voisine de la côte occidentale, qui, de leur nom, s'appela Etrurie, et plus tard devint la Toscane.

Mais voici que quatre cents ans plus tard, et six cents ans avant la venue de J.-C., alors qu'une nouvelle cité venant de se fonder en Italie, sous le nom mystérieux de Rome, d'autres Gaulois, les *Gaulois-Sénomans*, quittant la Gaule-Transalpine, viennent, à leur tour, chercher un gîte dans la Haute-Italie, sur les confins de la Rhétie, au revers méridional des Alpes-Rhétiques, sur les rives des sources de l'Adige. Ils y trouvent les Euganéens, qui donnent leur nom aux Mont-Euganéens, qu'ils habitent; ils trouvent aussi plus bas, sur les plaines du Pô, du Mincio, de l'Oglio et de la Mella, leurs frères les Gaulois-Ombriens. Ils les culbutent devant eux, détruisent ceux-ci, et forcent ceux-là à faire une trouée parmi les tribus les plus rapprochées du Tibre, où ils prennent place sur un territoire qui dès-lors reçoit le nom d'Ombrie.

Aussitôt les Gaulois-Cénomans s'emparent des villes étrusques, agrandies par les Ombriens, Bergame, Vérone, Vicence, Padoue; mais, en outre, ils en créent de nouvelles. C'est ainsi que sort de terre et décore les dernières ondulations des Alpes-Rhétiques, en regard de l'immense plaine du Pô, ma ville actuelle, *Brixia* ou *Brescia*, nom que les Italiens prononcent *Breschia*.

En effet, Brixia est un nom parfaitement gaulois, car il dérive de *Brigh-Seach*, et signifie en langue erse, gaëlique ou celtique, *dominant la plaine*.

Quelques années plus tard, un autre Gaulois, *Bellorèse*, neveu du roi Ambigat, roi des *Bituriges*, le Berry actuel, venait, avec toute une armée de jeunes aventuriers Gaulois, s'emparer du pays voisin des Insubriens, à savoir des marais placés entre l'Adda et le Tessin, et y fondait Milan, pendant que son frère, *Sigovèse*, à la tête des *Volces-Tectosages*, allait se fixer en Germanie, dans les clairières de la forêt Hercynienne.

Mais alors que tous ces Gaulois, devenus Italiens, commençaient à jouir du fruit de leurs conquêtes, ils virent venir à eux, de la Péninsule même qu'ils habitaient, un ennemi terrible et cruel, qui prétendait leur imposer ses lois, et qui, en effet, malgré leur énergique résistance et leurs efforts désespérés, les couvrit de fers et en fit ses esclaves. Pendant cette longue guerre entre les Romains et les Gaulois cisalpins, comme sous la domination qui pesa sur eux, Brescia, la vieille cité qui m'occupe, ne fut le théâtre d'aucun événement historique digne d'être rapporté.

Quand ses habitants furent faits citoyens romains pas Jules-César, et inscrits dans la Tribu Tabia, on la décora de monuments. Le vainqueur y éleva des temples, des théâtres. Plus heureuse que beaucoup d'autres villes, Brescia conserva longtemps ces édifices qui faisaient sa gloire, et nous y retrouvons encore à cette heure les ruines d'un Temple de Vespasien, tout en marbre, de style corinthien, avec colonnades d'une grande perfection, reposant sur un stylobate d'un volume considérable, merveilleusement jointoyé, et possédant trois cellas dans son enceinte. On a eu l'excellente idée de faire un musée de ces trois sanctuaires.

Lorsque l'empire romain tomba sous les coups des barbares vomis par l'Asie et le nord de l'Europe, Brescia, enveloppée dans le sort commun, fit partie du royaume des Lombards, dont elle partagea les vicissitudes et fut gouvernée par des ducs de cette nation, de l'an 569 à l'an 744.

Mais lorsque Charlemagne eut détruit la domination de Didier, le dernier roi de la Lombardie, tombée sous l'influence des empereurs d'Allemagne, elle eut pour gouverneurs des comtes qui la tinrent sous leur joug jusqu'au XI° siècle.

A cette époque, Brescia étant devenue l'une des villes municipales de la contrée, ses évêques prirent en main le souverain pouvoir. Mais des querelles, survenues entre les prélats et les Brescians, firent, qu'à l'exemple des autres cités lombardes, elle se constitua en république.

Il en est, hélas! du sort des villes comme de celui des hommes. Pour celles-là, comme pour ceux-ci, le destin se montre clément ou cruel. Envers les uns comme envers les autres, il est favorable ou néfaste, les conduisant de la naissance à la mort, de l'érection à la ruine, soit par une route dorée, toute parsemée de joie et de bonheur, soit par un chemin difficile, escarpé, constamment bordé de ronces et de précipices. En effet, au moment de jouir de sa liberté plus que jamais, Brescia fut esclave. Entraînée dans la ligue des villes confédérées contre l'empereur Frédéric Barberousse, elle entra dans toutes les guerres fomentées par l'ambition et la rivalité des empereurs avec l'Italie. Aussi arbore-t-elle tour à tour l'étendard des Gibelins et des Guelfes, mais cependant s'attache de préférence au dernier parti. Aussi furieux, l'empereur Henri VI la détruit presque entièrement et la démantelle au commencement du XIII° siècle.

Alors épuisée, n'en pouvant mais, elle passe au pouvoir de différents maîtres. Les *Bruscati* d'abord, puis les della Scala, de Vérone, et enfin les Visconti, ducs de Milan, font, les uns après les autres, peser sur elle leur sceptre de fer.

A cette époque, la Haute-Italie est, toute entière, taillée, foulée, torturée par ces nombreux tyrans qui ont profité des scissions intestines des républiques, pour s'emparer du pouvoir, et régner en despotes sur ces villes et leurs territoires. Ainsi les Visconti font plier sous leur joug le Milanais, dont, de gré ou de force, ils reculent chaque jour les limites. Les della Scala, à Vérone; à Padoue, les Carrare; à Mantoue, les Gonzague; les d'Este, à Ferrare; à Plaisance et à Parme, les Rossi; les Beccaria et les Langoschi, à Pavie; enfin, à Brescia, les Bruscati, pressurent, flétrissent, tondent et plument plus ou moins les peuples qui ont la maladresse de courber la tête sous leur verge, et d'accepter leur autorité. En haine les uns co.-

tre les autres, ces tyrans se redoutent mutuellement, se flattent pour mieux se trahir, et s'unissent pour guerroyer contre leurs voisins. Leurs intérêts divers se croisent, se confondent, s'accroissent au détriment de leurs sujets : l'agitation, la souffrance, la misère se montrent partout, et l'égoïsme le plus déhonté, la cruauté la plus farouche lèvent fièrement la tête, ne comptant pour rien le repos du pays et le bien-être de ceux qui ont adopté pour maîtres ces seigneurs sans vergogne.

Mais celui de ces tyrans qui les domine tous et leur fait subir son influence fatale, celui que la république de Venise elle-même, si puissante et si forte, redoute, et dont elle adopte presque sans réplique les volontés altières, c'est Jean Galéas Visconti, duc de Milan, époux en premières noces d'Isabelle de France, qui lui a donné une fille, Valentine, mariée déjà à Louis, duc d'Orléans, et cause des prétentions futures des rois de France aux Etats des Visconti. Oui, ce Jean Galéas, comte des Vertus par ce mariage avec Isabelle, et duc de Milan par le meurtre qu'il fait de son oncle Bernado et des deux fils de ce prince, les écrase de sa politique formidable, et leur inspire à tous, à raison de sa mauvaise foi et de sa violence, une terreur telle qu'ils rampent honteusement devant lui.

Déjà Jean Galéas a dépouillé de leurs domaines les seigneurs de second ordre qui pullulent en Italie. Ceux-ci ou n'existent plus, ou n'ont plus d'autorité dans ces villes jadis soumises à leurs ancêtres. La maison de Visconti a tout absorbé, et veut absorber davantage encore.

Les communes de Toscane peuvent bien lutter contre les envahissements du comte des Vertus : mais pendant que Florence, seule, dirige habilement sa politique, les autres villes, ses voisines, se livrent à mille passions imprudentes et jalouses qui favorisent les intérêts ambitieux du tyran redouté. Ainsi donc l'Italie du nord est exposée à être escamotée par ce terrible Jean Galéas, sans que l'Europe y mette obstacle. En effet, l'empire d'Allemagne est alors à la discrétion de Wenceslas, fils indigne de Charles IV, qui ne songe nullement à mettre des entraves à l'orgueil et aux spoliations du Visconti. La France s'atrophie dans les désordres et les luttes produites par les factions funestes des ducs d'Orléans et de Bourgogne. En Angleterre, les deux Roses, Yorck et Lancastre, partagent et occupent les esprits dans tout le royaume. La Hongrie se morfond dans ses guerres civiles. Enfin le faible

Jean, en Aragon, sommeille dans la paresse, et permet que son sceptre se change en quenouille entre les mains de sa femme.

Jean Galéas se trouve donc libre d'agir sans contrôle. C'est un homme qui a un courage d'entreprise qui contraste étrangement avec sa lâcheté personnelle. Sans jamais se montrer à la tête d'une armée, toujours caché dans son Castello fortifié de Pavie ou de Milan, entouré de triples gardes, en défense même dans son appartement, ce Jean Galéas n'hésite jamais un instant dans ses déterminations. Incapable de remords pour le crime ou de honte pour la mauvaise foi, en même temps qu'il élève le dôme de Milan et la Chartreuse de Pavie, on le voit toujours aux aguets pour voler et soumettre l'Italie.

A Bologne, il noue des intrigues qui ont pour but d'arracher cette ville à l'église, ce qui arrive un jour, au grand détriment du saint Père. A Sienne et à Pise, il envoie *Giovanni d'Azzo des Ubaldini*, son plus sagace confident, afin d'y préparer la chute de Florence. A Pise, il entretient *Pietro Gambacorti*, pour s'y créer des partisans, et y mûrir une révolution. A Vérone, les della Scala ou Scaligers lui font ombrage; il veut leurs Etats. Après avoir pris de vive force Brescia, dans une guerre allumée en 1378, contre les Vénitiens, dont il est l'allié, il leur prend aussi Vérone, et consomme ainsi la dépouille des Scaligers, victimes de sa duplicité. Enfin, il se tourne vers les Carrare, de Padoue, chasse le vieux duc, qu'il enferme dans la citadelle de Como, et, pour dédommager le fils et le successeur, François II Novello dit Carrara, de ses Etats de Padoue, qu'il s'adjuge par dol et trahison, il lui accorde la seigneurie de Corteron, près d'Asti.

Alors de toutes les maisons souveraines qui ont existé entre les Alpes et les Apennins, depuis la chute des républiques de la Haute-Italie, il ne reste plus que quatre familles qui n'aient pas été asservies ou dépouillées par les Visconti. Ce sont les maisons de Savoie, de Montferrat, de Gonzague et d'Este. Or, *Amé VII*, dit le *Rouge*, comte de Savoie, occupé des affaires que lui suscite la France, évite prudemment toute brouillerie avec le comte des Vertus. *Théodore II*, marquis de Montferrat, auquel Jean Galéas a déjà frauduleusement enlevé Asti et d'autres places importantes, vit en prisonnier timide à la cour de Milan. C'est le passereau toujours à la portée de la griffe du hibou, et qui craint de remuer. *François de Gonzague* se maintient à Mantoue par une servile et absolue déférence à toutes les volontés de l'implacable duc. Enfin, dans la famille d'Este, *Albert*, après avoir succédé à son frère Nicolas, en 1388, au préjudice d'Obizzo, fils d'un frère aîné mort avant lui, reçoit et agrée l'inspiration que lui donne Jean Galéas de faire tomber la tête de cet Obizzo et de sa mère, qu'il accuse indignement d'avoir conspiré contre lui. Il va plus loin. Il livre aux tortures du bûcher la jeune femme de l'infortuné Obizzo, condamne à la potence l'un de ses oncles, et tenaille ou écartelle plusieurs de ses confidents. Après de telles atrocités, le marquis de Ferrare, en haine aux souverains, en abominable horreur aux peuples, ne peut désormais se fier qu'à Jean Galéas, son complice, et n'agit plus que d'après ses conseils ou ses ordres.

Jean Galéas fait ainsi planer sur toute l'Italie du nord son ombrageux et féroce despotisme. Je l'ai dit : Il n'est pas jusqu'aux superbes Vénitiens qui ne tremblent en voyant ce monstre abhorré planter et faire flotter sur leurs lagunes les plis sanglants de son drapeau, portant sur champ rouge une couleuvre en fureur qui semble ouvrir la gueule pour les dévorer.

Aussi, en face de cette menace parlante, et sachant qu'après une longue et douloureuse série d'horribles aventures, Francesco II Novello di Carrara, cherche à rentrer dans ses Etats, en faisant porter devant lui trois étendarts, celui de la commune de Padoue d'abord, puis celui du *Char, Carrara*, armoiries parlantes des Carrare, et enfin l'étendard des comtes della Scala, anciens seigneurs de Vérone, les Vénitiens accordent-ils le passage sur leur territoire à Francesco II, et aux trois cents lances qui le suivent.

Les anciens sujets des Carrare et des Scaligers, par horreur du Visconti, s'empressent de grossir l'armée de Novello. Alors succès et triomphe de Francesco II. Il rentre dans le domaine de ses pères, et fait rentrer de même, à Vérone, *Francesco della Scala*, qui en est reconnu avec bonheur comme maître et souverain.

Sur ces entrefaites, meurt de la peste, le 3 septembre 1402, Jean Galéas Visconti.

La balance de l'Italie, presque renversée, se relève aussitôt d'elle-même, malgré les efforts de la veuve de Visconti, Catharina, devenue régente.

Aussitôt le désordre et l'anarchie se mettent dans tout le Milanais. Como, la première des villes entre en sédition. Pandolfo Malatesta est chargé de rappeler Como au bon ordre. Mais *Mauvaise Tête*, c'est la traduction de Malatesta, exécute ces ordres en livrant la cité au pillage et en s'en attribuant ensuite à lui-même le gouvernement. Sur cet exemple, toutes les villes soumises à la domination des Visconti s'abandonnent à la plus violente fureur. La révolte s'étend et gagne chaque jour, à chaque heure. Crémone, excitée par *Ugolin Cavalabo*, ancien chef des Guelfes, refuse l'obéissance. A Brescia, les Guelfes, soutenus par les habitants du pied des Alpes, se battent avec les hommes de la duchesse mère, et remportent une victoire complète. A Como, au contraire, les Gibelins sont victorieux. *Franchino Busca* chasse les Gulfes de la ville et des villages qui entourent les lacs. Bergame se livre au pouvoir des *Suardi*, famille Gibeline, et leurs rivaux, les *Colconi*, sont mis en fuite avec les Guelfes. A Lodi, les Gibelins sont chassés par le Guelfe *Jean de Vignale*. Les *Scotti* à Plaisance, les *Landi* à Bobbio, relèvent leurs têtes humiliées et recouvrent leur ancien pouvoir, tandis que les *Anguissole* sont repoussés des deux villes et obligés de s'enfuir en toute hâte.

Ainsi, dans toute la Lombardie, c'est une fomentation universelle, qui ranime toutes les haines assoupies. Car, en réalité, il ne s'agit plus de Guelfes ni de Gibelins; mais on profite de l'anarchie et des troubles qu'elle enfante, pour se livrer à toutes les fureurs de colères enchaînées. Il n'y a plus dans ces passions qui bouillonnent, que des ressentiments à satisfaire et d'anciennes vengeances à assouvir.

Bologne et Pérouse profitent des circonstances pour échapper à la tyrannie du Visconti. A Milan même, on se remue vivement pour recouvrer la liberté. Enfin, la duchesse Catharina meurt, empoisonnée, dans le castello de Pavie, et Barbara est obligé de s'enfuir. Aussitôt Pandolfo Malatesta, qui avait suivi la régente dans sa fuite à Pavie, quitte son cadavre encore chaud, se sauve à pied du castello, déchaussé, à demi-vêtu, et va se cacher timidement à Trezzo, ce château-fort témoin du supplice de Barnabo. Puis, de là, se rendant à Brescia, il se fait livrer la ville, ses bastions, sa citadelle, et, après ce hardi coup de main, se proclame lui-même seigneur et maître de Brescia, au mois d'octobre 1404.

Par cette nouvelle révolution, toute la Lombardie se trouve partagée entre de nouveaux tyrans. *Philippe-Marie*, le plus jeune des deux frères Visconti, réside à Pavie ; mais l'autorité de cette ville a été usurpée de nouveau par les *Beccaria*, qui l'avaient autrefois exercée. *Fascino Cane*, le général de la duchesse-mère, règne à Alexandrie ; *Georges Benzoni*, à Crème ; *Jean de Vignale*, fils d'un boucher, commande à Lodi. Ainsi les peuples, foulés par leurs nouveaux maîtres et par les soldats qu'ils entretiennent, sont bientôt réduits à regretter l'oppression plus égale des Visconti de Milan.

Mais les Visconti se réveillent si bien, que, par suite de ses crimes, l'aîné des fils de Jean Galéas, Jean-Marie, révolte ses sujets qui l'assassinent ; et le second, Philippe-Marie, méditant de reprendre les villes perdues, commence par enlever sur Pandolfo Malatesta, Brescia, la plus belle de ses villes de la Lombardie, et dompte le ravisseur qui lui a soustrait le plus riche fleuron de sa couronne ducale. Mais, chose étrange ! à peine redevenu maître de Brescia, où il se déclare le suzerain de Malatesta, c'est précisément cette même ville qui devient le théâtre d'une guerre acharnée. Voici à quel propos :

Un traité de paix liait encore pour cinq années le duc de Milan et la sérénissime république de Venise. Mais Philippe-Marie Visconti observe si mal ses engagements et sa parole, que les Vénitiens le veillent de près. Ils apprennent que le Visconti se prépare à attaquer Vérone, Vicence, Padoue et Trévise, que son père a possédées, et ils se décident à prendre l'initiative, en marchant contre Brescia, comme première hostilité. Alors la guerre est déclarée entre les deux Etats le 27 janvier 1426.

Dans les plaines du Piémont, à Carmagnola, en 1390, un pauvre pâtre voyait naître dans sa cahutte un enfant qui devenait pour lui une bien lourde charge. Aussitôt que possible, le père fit du fils ce qu'il était lui-même, un gardeur de pourceaux. Mais le jeune gars s'ennuya bientôt de contempler toujours les mêmes horizons, et de n'avoir jamais que des loups à combattre. Aussi, un jour, voyant passer des compagnies franches conduites par des condottieri, le berger devint jaloux de leur sort, et désireux de suivre ces bandes noires qui couvraient le monde, ici menant joyeuse vie, là se précipitant tête basse au milieu des plus grands périls, ailleurs se faisant tuer sans souci, notre Piémontais se proposa comme valet d'armée, et, accepté, il en remplit allègrement les fonctions.

Francesco Bussone, tel était son nom ; mais le jeune aventurier, lui, préféra un nom de guerre et se donna celui de *Carmagnola*, de l'appellation de son village. Bientôt, le valet de Francesco devint soldat, et se rangea parmi les plus braves.

A l'époque où Philippe-Marie Visconti, se croyant perdu s'il ne recueillait l'héritage de son frère, s'était mis à la tête de son armée, et assiégeait Monza, il vit un simple soudard qui poursuivait *Hector Visconti*, son parent, jusqu'au milieu des rangs ennemis, et qui l'aurait indubitablement fait prisonnier si son cheval ne s'était abattu. Le sort, pour le dire en passant, était hostile aux Visconti, en ces jours néfastes, car le soir même, cet Hector eut la jambe percée d'une flèche au point qu'il mourut de sa blessure. A cette heure encore, on conserva à Monza, où je l'ai vu l'an dernier, le corps momifié de ce Visconti, placé debout dans une niche, tenant son épée nue, la jambe gauche brisée, et sa face parcheminée exprimant une atroce souffrance, celle d'une cruelle agonie. Mais ce n'est pas ce dont il s'agit. Philippe-Marie, ayant donc remarqué l'intrépide bravoure du soudard, le fait venir, sait qu'il s'appelle Carmagnola, et lui donne sans retard un commandement. Puis, comme Carmagnola exécute bientôt de nouvelles prouesses, hardies, téméraires, habiles et toujours couronnées du succès, le duc de Milan en fait son général de choix, le met à la tête de toutes ses armées, et les triomphes les plus éclatants justifient la confiance qu'il a en Francesco Bussone.

Ecoute maintenant le catalogue des victoires de ce grand homme de guerre ; car Francesco Carmagnola fut l'un des plus grands capitaines de l'Italie. Ses faits d'armes vont se suivre rapides comme la tempête.

D'abord il s'empare de tout le pays qui s'étend entre l'Adda, le Tessin et les Alpes. Les plus forts châteaux de cette province, Trezzo, Lecco, Castello-d'Adda, sont obligés de lui ouvrir leurs portes dès 1416

Puis, pendant que l'inhumain Visconti fait arrêter, à Milan, contre la foi des traités, Jean de Vignale, seigneur de Lodi, et lui fait trancher la tête, avec son fils, sur une place de Milan, en comptant un ennemi de moins dans sa personne, *Philippe Arcelli*, gentilhomme de Plaisance, qui d'abord avait livré cette ville au despotisme du duc de Milan, voyant ce dernier prêt à le trahir, souffle la rébellion dans Plaisance le ravit au duc, et prend le titre de seigneur et l'autorité suprême dans sa patrie. C'est un brave et intelligent soudard que ce Philippe Arcelli. Les Seigneurs des principales cités de Lombardie sont bientôt informés par lui, que le duc de Milan veut les dépouiller tous et qu'ils doivent ou résister ou courir au-devant du déshonneur. Aussitôt Pandolfo Malatesta, seigneur de Brescia, *Gabrino Pondolo*, de Crémone, Lottière Rusca, de Como ; les Colconi de Bergame ; les Beccaria, de Pavie ; et *Campo Fregoso*, doge de Gênes, s'unissent par un serment et jurent de se défendre mutuellement. Sur le Champ, Carmagnola est envoyé par Visconti contre cette confédération menaçante. La Basse-Lombardie devient le théâtre de la guerre de 1417. Elle est acharnée. Vaincre ou périr ! telle est la devise des confédérés. Néanmoins Carmagnola s'empare de Plaisance, mais il ne peut enlever la citadelle, qui lui résiste. Alors, apprenant que Pandolfo Malatesta arrive de Brescia avec des forces imposantes pour la lui reprendre, il contraint tous les habitants de Plaisance à s'éloigner en emportant leurs effets les plus précieux. Quand donc Philippe Arcelli arrive à Plaisance, accompagné de l'armée de Malatesta, quel n'est pas leur étonnement de ne plus trouver que des maisons vides, le silence, un calme effrayant, l'horreur de la fuite partout. Ils en sont saisis d'effroi et s'éloignent eux-mêmes. Ainsi la ville reste abandonnée pendant de long mois. L'herbe croît dans les rues jusqu'à la hauteur du genou, et de hautes ciguës s'élèvent à la porte des maisons comme pour défendre l'accès. Telles sont les expressions de l'historien Sismonde-Sismondi, dont j'analyse très-rapidement les belles pages, sur tout ce qui concerne les faits militaires de cette époque.

A Como, Lottière Rusca est obligé de se soumettre aux armes du farouche Philippe-Marie : il abandonne aussi sa ville aux fureurs de Visconti, et se retire à Lugano.

Carmagnola descend ensuite vers la rivière de Gênes, y force le doge Campo-Fregoso à une rapide et humiliante soumission.

Rolando Palavicini, qui voit approcher les armées du duc, leur remet volontairement San-Donnino, dont il est seigneur.

Les Rossi et les Pellegrini, gentilshommes du Parmesan, se voient contraints de même de courber la tête sous la vaillance du brave Carmagnola, digne de meilleure cause.

Nicolas, marquis d'Este, craignant de perdre à la fois les deux villes de

Parme et de Reggio, qui jadis appartenaient à Jean Galéas, marche au-devant du vainqueur et cède bénévolement la première de ces villes, pour se faire autoriser à garder la seconde.

Alors Carmagnola fondant à l'improviste sur Pandolfo Malatesta, lui enlève ses forteresses du Bergamasque, pénètre dans Bergame par le côté de la cité qui regarde les montagnes, et que l'on croit inexpugnable, et soumet toute la banlieue de Brescia.

Puis, Gabrino Fondolo est attaqué dans Crémone. On lui prend Pizzighettone et le château de Soncino. Crémone même est obligée de se rendre à l'approche de Carmagnola.

Enfin, ne pouvant plus lutter, à bout de forces, abandonné de tous, voyant l'appui même de Charles Malatesta, son frère, détruit par l'habileté de Carmagnola, Pandolfo, de Brescia, demande la paix, remet aux mains de Visconti la ville et le territoire de Brescia, et se retire à Rimini, près de ce frère qui a vainement essayé de relever sa fortune. C'est en 1421, que ce dernier acte de la restitution des domaines des Visconti s'accomplit en Lombardie.

Ainsi Carmagnola fait rentrer, avec la victoire, la puissance et la force dans le Milanais, et asseoit Philippe-Marie sur son trône ducal restauré. En échange, le pâtre, devenu général, reçoit le titre de comte, et la main de l'une des sœurs de Visconti. Mais la reconnaissance reste étrangère au cœur du farouche tyran de la ville de Milan.

Le voici, la couronne ducale solidement fixée sur sa tête, qui fait fi de ses engagements et ne tient plus compte de sa parole. Il nargue la république de Venise, la seule puissance qui ait les moyens de lui porter ombrage, mais qui tremble devant lui. Il nargue même Carmagnola, dont il croit n'avoir plus besoin.

Les commandements militaires qu'il lui a confiés ou promis lui sont insolemment enlevés, arrachés; et, un jour que le vaillant condottiere se présente au manoir d'Abbiate-Grasso, où est la cour du duc, pour la première fois il se voit refuser l'entrée des appartements de l'ingrat et farouche tyran. Il insiste : on lui impose le silence du mépris. Il élève la voix, on le repousse.

Aussitôt le fier soldat de fortune, comprenant ce qu'il doit à son honneur, se remet en selle, pique des deux, suivi de ses hommes d'armes, et ne s'arrête qu'à Venise, dont il fait convoquer le Sénat. Là, en présence du doge, en face du Conseil des Dix, il révèle tous les projets de Visconti. Le duc de Milan prépare la guerre contre Venise : il veut prendre Vérone, il veut prendre Padoue, il veut s'emparer de Vicence, de Trévise, de tout ce dont il pourra dépouiller la Sérénissime République. Alors il offre ses services à la ville de Venise, d'abord en défiance, mais qui, voyant ensuite le grand capitaine prêt à périr par le poison qu'un agent de Visconti est parvenu à lui verser, le prend à sa solde, lui confie trois cents lances, le nomme généralissime de ses armées, et déclare la guerre au duc de Milan. Nous sommes, à cette époque, en 1426.

Carmagnola ouvre aussitôt la campagne en assiégeant Brescia, Brescia la ville voisine de Vérone menacée, Brescia la première cité qui couvre la Lombardie milanaise, la clef des états du redoutable duc de Visconti.

Visconti oppose à Carmagnola un autre soldat d'aventure, un condottiere non moins fameux que Carmagnola même. C'est *Francesco Sforza*, né d'un paysan de Cotignano, qui a fait son chemin par les armes et par sa bravoure, un capitaine qui arrive de Naples avec la réputation d'un habile et rusé soldat, un routier, qui, en semant son sang, cherche à moissonner un jour un sceptre, fût-ce celui du duc même qui l'emploie.

A cette époque, Brescia, assise comme tu sais, sur les déclivités des Alpes Rhétiques, est composée de plusieurs quartiers défendus isolément par des fortifications indépendantes les unes des autres. D'abord sur la montagne qui la domine se dresse une citadelle, la *Citadelle-vieille*, entourée d'un double mur, soutenue de tours et de donjons rapprochés l'un de l'autre. Au-dessous de cette première forteresse sont dispersées et rayonnent dans tous les sens, les rues de la Ville Haute avec une enceinte de murs. Puis, sur les assises inférieures des talus, sont assis trois quartiers de la ville, séparés, fortifiés, et formant, sur une même ligne, trois forteresses distinctes. Celle du centre n'a que des *Gibelins* pour habitants. On donne à la seconde, celle du couchant, le nom de *Citadelle-neuve*. Au-dessous de ces trois quartiers puissamment enveloppés de remparts, courtines, etc., descend vers la plaine un dernier quartier. C'est la Ville Basse. Elle n'est habitée que par les *Guelfes*. Au nord, de ce groupe étrange de forteresses composant la ville de Brescia, la porte principale s'appelle *Porta Garzetta*. A l'est, on trouve la *Porta San-Giovanni*, au sud celle de *Santo-Alessandro*, et enfin à l'ouest, les portes *San-Nazzaro* et *Pilavia*.

Déjà Carmagnola s'est créé des intelligences dans la place. Aussi, le 17 mars 1426, les Avogadores lui ouvrent les portes de la ville basse, le quartier des Guelfes. Mais les quatre autres forteresses restent fermées. Que fait Carmagnola? Prévenu que *Guido Torello* et *Nicolas Piccinino*, deux capitaines à la solde de Visconti viennent au secours de Francesco Sforza et de la ville assiégée, il ne s'émeut pas, et changeant de tactique, puisqu'il ne peut prendre la ville par ruse, il prétend s'en emparer par force. Il sépare, au moyen d'un fossé, large et profond, le quartier qu'il occupe des quartiers supérieurs, et par *Nicolas de Tolentino*, un autre homme de guerre que lui envoie la République, il fait attaquer spécialement la Porte Garzetta, pendant qu'il assiège simultanément les trois quartiers placés sur la ligne centrale, entre la ville haute et la ville basse. Il fait plus encore : il enferme ces trois quartiers dans une circonvallation de plus de 2000 pieds de longueur, et de 20 de large sur 12 de profondeur. Enfin, il se couvre lui-même d'une autre ligne de circonvallation de plus de 5000 pieds de développement.

On arrive ainsi au mois de mai, époque à laquelle le bruit s'étant répandu que Brescia est en grand danger, survient, du fond de la Romagne, un autre capitaine dévoué à Visconti, *Ange de la Pergola,* et qui se vante de n'avoir qu'à souffler sur Carmagnola pour le faire disparaître. Mais à la vue de l'investissement exécuté par Carmagnola, et qui n'est encore qu'à l'état d'ébauche, Pergola juge ridicules ses prétentions, et, malgré l'avis de Sforza et de Piccinino, se retire sans avoir lancé une seule flèche ou un coup d'arquebuse au redoutable paysan de Carmagnole.

Sur ces entrefaites, la Porte Garzetta tombe au pouvoir de l'armée vénitienne. Alors les combats se renouvellent sans relâche. L'artillerie, dont on commence à faire usage, détruit facilement des fortifications qui n'ont pas été faites pour lui résister. Le sang coule chaque jour dans des combats partiels, mais Brescia résiste toujours, et quand Pergola revient, saisi d'admiration en face de la merveilleuse manière dont Carmagnola a complété l'investissement de la place, il se demande comment Brescia peut tenir encore. En ce moment, tous les condottieri du duc de Milan, réunis sous les murs de Brescia, forment une armée de plus de 15,000 hommes d'armes à cheval, avec un nombre proportionné d'infanterie. Mais leur nombre ne donne pas la valeur, et, d'ailleurs, l'insubordination des soldats et la jalousie mutuelle des chefs, les empêchent de tirer parti de leurs forces. Ils n'attaquent les lignes vénitiennes que quand il est trop tard. Aussi sont-ils repoussés avec perte.

Enfin, serrés de près dans leurs diverses citadelles, les Brescians, qui voient leurs forteresses successivement prises par un ennemi infatigable, finissent par mettre bas les armes. La citadelle-vieille toutefois se soumet la dernière, et, le 20 novembre 1426, le drapeau de Saint-Marc, le lion de Venise avec son épée, flotte sur les remparts et les hautes tours de Brescia.

Ainsi, Carmagnola porte aux Vénitiens la victoire qu'il avait habituée à sourire au tyran de Milan comme à son souverain seigneur, et le duc Visconti a la honte de voir la couleuvre de ses étendards tournée en dérision et traînée dans la fange par ceux qui, naguère encore, étaient les premiers à célébrer ses conquêtes. Le serviteur humiliait le maître : Carmagnola triomphait de Visconti.

Je ne vais pas te raconter les événements qui se passent à Crémone, où Carmagnola trouve pour ennemi et pour vainqueurs Sforza, et une horrible poussière accumulée par les chaleurs de l'été, ni la revanche qu'il prend de cette défaite dans les humides et trompeurs marais de l'Oglio, où il bat de nouveau les Milanais. Je te dirai seulement, mon cher frère, qu'il est dans la destinée des grands hommes de guerre de juger sainement les hauts faits d'armes, et de ne pas voir clair dans les plus simples actions de la vie. Or, comme la sérénissime République de Venise fait surveiller de très-près les condottieri qu'elle prend à son service, ses espions croient voir dans certains actes de générosité de Carmagnola vis-à-vis de ses prisonniers, des avances à l'adresse du duc de Milan, avec lequel il voudrait rentrer en grâce. Sur ce dénonciations, conseil secret du sénat, décision des Dix, condamnation de Carmagnola, puis appel du condottiere à Venise. Après une splendide réception, Carmagnola est jeté dans les fers, livré aux tortures, exécuté par les mains du bourreau.

Pour moi, laissant désormais Carmagnola reposer dans son linceul sanglant, je reviens à Brescia, la cité qui nous occupe. Je voudrais t'en raconter encore l'autre siége, celui qui suivit le siége de Carmagnola, et dont un autre condottiere fut le héros. Seulement, cette fois, les rôles seront changés. Ce ne sont plus les Milanais de Philippe-Marie Visconti que les Vénitiens assiégeront dans Brescia, comme le fit faire Carmagnola, ce sont les Vénitiens qui seront assiégés dans Brescia, par les soldats du duc de Milan, aux ordres de Piccinino. Enfin le nouveau condottiere mis à la tête des forces de Venise, s'appellera *Gattamelata*, c'est-à-dire *Chatte-Mielleuse.* Voilà un nom qui promet, pour un soudard surtout. Que t'en semble, frère ? Prête-moi encore l'oreille, je serai bref dans ce que je vais te dire :

La guerre s'étant rallumée de nouveau, en 1437, entre la République de Venise et le duc de Milan, toujours à cause de sa déloyauté et de ses fourberies, la ville de Brescia eut à souffrir un siége qui fut l'occasion de beaux faits d'armes, et qui prouve que la *guerre de position* était déjà connue en Italie dès le xve siècle.

Le marquis de Mantoue, *Jean-François de Gonzague*, qui commande l'armée vénitienne à cette époque, la quitte dans le courant de la campagne, dans une pensée de trahison. Elle passe alors sous les ordres de son premier lieutenant *Jean de Naci*, surnommé Gattamelata, ou Chatte-Mielleuse, de sa façon de faire la guerre. Gattamelata se trouvait sur les frontières du Milanais lorsque Piccinino, général du duc de Milan, après avoir emporté Casal-Maggiore, près de Cremone, s'avance vers l'Oglio. Gattamelata, avec une armée beaucoup plus faible, se prépare à en défendre le passage, lorsque le marquis de Mantoue, consommant sa défection, fait jeter trois ponts sur l'Oglio, près de *Bozzalo*, livre le passage à Piccinino, et le joint avec ses troupes. Alors Jean-François de Gonzague et Piccinino prennent Brescia à revers, soumettant tous les châteaux, toutes les forteresses des Vénitiens autour de cette ville et autour du lac de Garde, et forcent Gattamelata à s'enfermer dans les murs de Brescia. Puis ils conduisent leurs troupes dans les montagnes, pour ôter aux Vénitiens cette dernière communication avec Brescia ; mais alors Gattamelata craignant de se voir absolument coupé, prend le parti de tourner le lac de Garde, au travers de ces mêmes montagnes que Piccinino attaque, et il amène sa gendarmerie à Vérone par des chemins si difficiles, qu'il y perd, en morts ou en prisonniers, jusqu'à deux cents hommes, et près de huit cents chevaux détruits par une excessive fatigue.

Aussitôt, c'était le 3 octobre 1438, Piccinino et Jean-François de Gonzague forment l'investissement de Brescia, avec vingt mille hommes, et, peu de jours après, quatre-vingt pièces de gros calibre ouvrent leur feu contre la place. Gattamelata n'avait pu y laisser que six cents gendarmes et quelque peu d'infanterie. Ces forces étaient loin d'êtres suffisantes pour la défense de la ville haute et de la ville-basse, de quatre forts et d'une citadelle. Mais le zèle des habitants, attachés à la République de Venise par les bienfaits, d'une sage administration et la bonne conduite du Podestat, *Francesco Barbaro*, et du capitaine d'armes, *Christophoro Donato*, savent y suppléer. La situation de Brescia est des plus difficiles : elle est épuisée de munitions; elle est découragée par la retraite de Gattamelata, et enfin des divisions la déchirent. Heureusement Barbaro réconcilie les factions opposées. En outre, tous les citoyens, le clergé, les femmes même, et parmi les femmes, *Brigitte Avogadro*, une autre Jeanne Hachette, qui arme de casques, de cuirasses et de lances les plus intrépides de ses compagnes et en forme une compagnie militaire, concourent à la défense de la cité et se prêtent aux plus rudes travaux. Une milice de six cents hommes est organisée, et lorsque, le 4 novembre, les assiégeants se disposent à un assaut, ils sont prévenus par une sortie de la garnison qui les attaque jusque dans leur camp

Vainement Piccinino livre des combats journaliers et attaque tour à tour les différentes portes de Brescia; vainement il détourne les eaux qui remplissent le fossé pour établir ses batteries, d'où quinze bombardes vomissent sur la ville un feu perpétuel. Les Brescians répondent de leur côté par des batteries opposées; leurs moines, et jusqu'aux prélats, creusent et emportent la terre pour refaire les remparts et les brèches, et, en un mot, toute la population se montre pleine de bravoure et d'énergie.

Une brèche étant suffisamment ouverte, les soldats de Philippe-Marie tentent un assaut au corps de la place; mais les femmes cuirassées font merveille en ce jour, et les Milanais sont repoussés. Un nouvel assaut est donné le 10 décembre : il n'a pas un meilleur succès. Et cependant, par plusieurs chemins couverts, les assiégeants peuvent arriver jusque dans les fossés, sans être exposés à l'artillerie de la place. Leurs tranchées percent les murailles de la ville en plusieurs endroits ; leurs mineurs font entrer les galeries souterraines jusque sous les maisons ; mais, ce jour-là, un heureux hasard fait tomber le mur extérieur sur les Milanais, et non dans le fossé, comme on s'y était attendu. Le combat meurtrier qui a commencé dès l'aube, dure jusqu'à la tombée de la nuit ; il se renouvelle même le lendemain avec un égal acharnement ; mais dans ces deux attaques, la perte des assaillants se monte jusqu'à deux mille hommes, tandis que les Brescians restent sains et saufs.

Cependant Gattamelata étant venu à bout de chasser du Véronais l'armée mantouane de Jean-François de Gonzague, qui le veillait de près, revient au secours de Brescia. Il remonte l'Adige au mois de novembre et se rend maître de *Torbolo*, au haut du Bénaque. Le Bénaque n'est autre que le lac de Garde.

Aussitôt, Piccinino, averti de son approche, après l'assaut du 10 décembre, convertit en blocus le siége de Brescia, et s'avance à la rencontre des Vénitiens. Le 15 décembre, les armées sont en présence vers *Arco*, séparées seulement par la rivière de *Sarca*. La difficulté du passage fait que les ennemis s'observent pendant quelques jours. Mais les Milanais, plus nombreux, étant parvenus à déborder les Vénitiens, Gattamelata est une fois encore obligé de se retirer sur Vérone. Piccinino le suit, et, manœuvrant sur Vicence, force son adversaire à reculer jusqu'à Padoue.

Le blocus de Brescia continue tout l'hiver. Mais au commencement de 1439, les Vénitiens étant parvenus à conclure une alliance offensive avec le pape Martin V, les Florentins et les Génois, contre le duc de Milan, commencent à respirer ; car, attaqués par Jean-François de Gonzague, n'osant pas compter sur le marquis d'Este, leurs forces étaient acculées aux lagunes. Bien plus, Francesco Sforza, ce fils du paysan Attendolo de Cotignano, après avoir été joué par le duc de Milan, qui lui promettait toujours sa fille Blanche de Visconti et ne la lui donnait jamais, entre dans la nouvelle ligue en qualité de marquis d'Ancône, et devient le généralissime des armées de Venise. Alors, sans aucun retard, il arrive à Padoue, le 14 mai 1439, avec 8,000 chevaux. Gattamelata, digne lui-même d'un commandement qu'il a exercé avec gloire, se résigne sans murmurer, et devant le lieutenant de

Sforza, sans que son zèle se démente. Enfin, la lutte qui se prépare présente tout l'intérêt national.

Le but que se proposent les Vénitiens est d'abord de dégager Vérone, resserrée par Piccinino, qui occupe le Vicentin, et de faire lever le blocus de Brescia. Aussi Sforza reçoit-il l'ordre de commencer par cette double opération. En effet, Piccinino, le voyant s'avancer, se replie sur Vérone et vient occuper la position de *Soave* et de *Caldiero*, couvert sur son front par l'*Alpon*, à droite par l'Adige, et appuyé à sa gauche par les montagnes. Il ne veut pas compromettre, par une bataille, des conquêtes qu'il regarde comme assurées. Et, comme l'art de jeter, en face de l'ennemi, des ponts sur les rivières est encore inconnu, retranché derrière les canaux de Padoue, le grand capitaine rend vaines toutes les menaces de son adversaire.

Sforza, ne pouvant forcer la position de l'ennemi de front, se décide à la tourner. Il redescend à Vérone et vient présenter la bataille à son terrible ennemi. Mais Piccinino occupe une forte position : sa retraite est assurée par un pont sur l'Adige ; il se garde bien de bouger. A cette vue, Sforza débouche lui-même de Vérone et entre dans le Mantouan, par *Villafranca*. Jean-François de Gonzague, effrayé, appelle Piccinino pour couvrir Mantoue. C'est précisément ce que veut Sforza. Il repasse en hâte à la gauche de l'Adige, s'empare de la position de Caldiero et de Soave, et dégage ainsi tout le pont de Vérone, en même temps qu'il rétablit ses communications avec Vicence et Padoue.

Cependant Brescia éprouve les horreurs de la famine. Toute la magnanimité, tout le dévouement de Francisco Barbaro suffisent à peine à soutenir le courage des habitants. Pendant l'hiver, les Vénitiens ont bien fait transporter jusqu'au lac de Garde, à travers les montagnes qui bordent l'Adige, deux grandes et trois moyennes galères, avec vingt-cinq barques armées. Cette petite flotte, en entrant dans les eaux du lac, s'était trouvée maîtresse de la navigation et avait ouvert quelques communications avec Brescia. Mais Philippe-Marie Visconti avait aussitôt fait armer à Peschiera, au sud du lac, une flotte bien plus considérable, et mis garnison dans tous les châteaux situés sur les deux rives du Bénaque. Or, c'est en dégageant cette flotte, tenue en respect par celle de Visconti, que Sforza espère secourir Brescia. Dans ce but, il vient mettre le siège devant *Bardolino*, château défendu par les Mantouans, sur la rive orientale du lac, entre *Peschiera* et *Garda*. Mais les signaux par lesquels il invite la flotille vénitienne à s'en rapprocher, ne sont point aperçus ou mal compris. Au contraire, Piccinino a fait sortir ses galères de Peschiera; il a de plus renforcé la garnison de Bordolino. Il advient donc que Sforza ne peut plus secourir Brescia, si ce n'est en répétant la manœuvre de Gattamelata. Et comme il en reçoit l'ordre positif de Venise, il l'exécute sans retard.

Il tourne la place de *Riva*, sur la rive septentrionale du lac, s'avance jusqu'au *château de Tiarno*, qu'il investit, et fait passer des vivres à Brescia. A peine Piccinino a-t-il avis de ce mouvement de Sforza, qu'il se presse d'embarquer son armée à Peschiera, et de la faire débarquer à Riva. Mais il se trouve prévenu, et, jugeant qu'il peut espérer de vaincre Sforza, dont la position à Tiarno n'est pas avantageuse, il marche droit à lui et l'attaque le 9 novembre 1439.

Soudain, voici qu'au milieu du combat, un détachement de la garnison de Brescia paraît sur la montagne, derrière l'armée milanaise, et l'épouvante de se répandre parmi les soldats de Piccinino! On les bat à plate couture, et Piccinino, séparé des siens, est contraint de se jeter dans le château de Tiarno, où il demeure environné d'ennemis; mais, toujours supérieur à la fortune adverse, la nuit suivante, il se fait emporter, enfermé dans un sac, sur les épaules d'un valet, traverse ainsi les postes vénitiens, et vient à Riva rallier les débris de son armée.

Là, il conçoit le projet de venger sa défaite par un succès éclatant. Il juge que l'on doit être à Vérone dans une sécurité parfaite, en raison de l'éloignement des armées et de la déroute qu'il a essuyée. Il se décide donc à en profiter pour surprendre cette place, malgré sa nombreuse garnison. Il rembarque sur le champ son armée, la reconduit à Peschiera, et de là se porte sur Vérone, où il arrive dès le 26 au soir. Il attaque la ville avec une telle rapidité qu'il y pénètre et se rend maître des ponts dans la même nuit. La garnison n'a que le temps de se jeter dans les forts. Mais il a affaire à un riva non moins actif que lui. Sforza apprend, le 17, la surprise de Vérone. Abandonnant, pour le moment, le projet de délivrer Brescia, le voilà qui met sur le champ son armée en campagne, sans même prendre de vivres. Le 20 au soir, il arrive à Vérone, et entre par le fort Saint-Félix. La même nuit, i reprend la partie de la ville placée sur la rive gauche de l'Adige, et appelée Veronette, passe les ponts, attaque Piccinino dans Vérone, le bat complètement, et rejette sur Mantoue les débris de son armée.

Puis après un assez long repos donné à ses soldats, il se charge de vivres et de munitions, se remet en marche au commencement de janvier 1440, et s'avance de nouveau jusqu'à Tiarno, qu'il investit. De là ses convois se dirigent sur Brescia, où ils arrivent sans coup férir.

Quant à Piccinino, il s'est hâté de se porter sur Riva, et de là à Tiarno, pour gêner les opérations des Vénitiens : mais il se trouve prévenu. Après quelques combats de peu d'importance, la rigueur de la saison force les deux armées à rentrer en quartier d'hiver.

Piccinino se porte donc sur les confins du Milanais, et Sforza revient à Vérone. Mais il donne l'ordre de construire une autre flottille à *Torbole*, pour se rendre maître du lac. Aussi la présence de Sforza dans cette partie du théâtre de la guerre, inquiète plus que jamais le farouche tyran de Milan. Pour l'éloigner, il imagine de faire attaquer la Toscane par Piccinino, espérant que les Florentins appelleront Sforza à leur secours, et que les Vénitiens seront obligés d'y consentir. Il se trompe, heureusement. Le Sénat de Venise ne se laisse pas détourner de son but. Au contraire, Sforza passe l'Oglio, prend Orci-Nuovi, Soncino, Peschiera et tous les postes sur le lac de Garde. La flottille milanaise est détruite, et enfin Brescia est délivrée. *Taliana Furlano* et *Louis del Verme*, les deux généraux de Visconti, évacuent le territoire de cette ville éprouvée ; *Borso d'Este*, zélé protecteur des arts et des lettres, et le premier marquis de la famille d'Este qui porta le titre de duc, est battu par Sforza, qui détruit toute sa cavalerie, tandis que *Nicolas d'Este*, son père, luttait avec les Vénitiens. Enfin la guerre finit le 23 novembre 1441. Jamais plus les Milanais n'osèrent assiéger Brescia de nouveau.

Et cependant, mon très-cher, je vais te dire quelques mots d'un autre siège que soutint encore Brescia. Il s'agit de nos Français cette fois, il s'agit de notre Bayard, le *chevalier sans peur et sans reproche !* J'imagine que tu ne feras pas la sourde-oreille.

Donc, c'était après la bataille d'*Agnadel*, petit village situé au nord-est de Lodi, et le 14 mai 1509, les habitants de Brescia, s'étant emparés des portes de leur ville, l'avaient livrée aux Français. Louis XII faisait alors valoir ses droits sur le Milanais, dont il avait hérité par son aïeule Valentine Visconti, mais que les Sforza, après avoir dépossédé les Visconti, tenaient à conserver pour leur propre compte. Puis, en outre, il s'était ligué, par le *traité de Cambrai*, avec l'empereur d'Allemagne Maximilien, Ferdinand le Catholique, roi d'Aragon, et le pape Jules II, pour enlever aux Vénitiens les villes qu'ils possédaient en Italie. D'abord, il avait rencontré l'armée vénitienne sur l'Adda, et l'avait détruite à la célèbre journée d'Agnadel, dont je viens de te parler. C'es t alors que les Brescians s'étaient donnés à notre souverain.

Mais, le 4 février 1512, pendant que *Gaston de Foix*, ce jeune héros de vingt-deux ans, qui, dans sa courte mais très-brillante carrière, s'égala aux plus grands capitaines, en qualité de généralissime de l'armée française en Italie, fait lever le siége de Bologne, le vénitien *Andrea Gritti* se porte à l'improviste sur Brescia, et, ayant dirigé un assaut sur trois points différents, enlève la place. Puis, dès le lendemain, il commence le siège de la citadelle et la bat d'un feu si bien nourri qu'il y a bientôt une brèche ouverte. Heureusement Gaston a deviné les projets des Vénitiens sur Brescia, et s'est préparé les moyens d'arriver promptement au secours de la garnison, en faisant jeter un pont sur le Pô. Donc, dès le 5 février, assuré que les confédérés, qu'il avait repoussés de Bologne, se retirent en Romagne, il se met en marche, et, le 14, il arrive devant Brescia. Alors ayant laissé une partie de son armée en dehors de la ville, devant la porte Saint-Jean, qui seule n'était pas murée, il entre avec le reste dans la citadelle. Puis il en ressort presqu'aussitôt, range ses troupes en bataille sur l'esplanade, et attaque l'armée vénitienne, qui s'est également déployée devant lui. L'attaque est vive et la défense assez molle. Les Vénitiens se mettent même en retraite de rue en rue, protégés par les habitants, qui font feu des maisons. Mais, pendant ce temps, la partie de l'armée française qui est hors de la ville, enfonçant la porte Saint-Jean, entre et attaque à dos les Vénitiens. Leur défaite est entière, et le carnage affreux. Quinze mille soldats ou citoyens périssent les armes à la main. Le Provéditeur Gritti, le Podestat *Giustiniani*, et les principaux chefs sont faits prisonniers. La ville est livrée à toutes les horreurs de la guerre. On pille pendant sept jours avec toute l'avidité et la férocité qui caractérisent encore les soldats de ce siècle.

Un seul guerrier français, grièvement blessé dans la mêlée cependant, Bayard, non-seulement sauve les habitants de la maison où on l'a transporté, mais comme, au moment de s'éloigner, après son entière guérison, une dame et ses filles, dont il a protégé l'honneur, veulent, par reconnaissance et en témoignage de leur bonne amitié, lui faire accepter un coffret de prix, qui en outre renferme une forte somme d'or, il la refuse avec noblesse et dignité.

— Dieu ne m'a pas mis en ce monde, dit-il, pour vivre de pillages et de rapines...

Et comme on insiste en disant que c'est la rançon de l'honneur, il se confond en la plus *grande courtoisie que l'on puisse faire à son hôtesse au partir*, mais refuse plus énergiquement encore.

— Ce sera la dote de ces gentes demoiselles que Dieu garde! fait-il.

Admirable action, très-louée déjà, mais qui mérite de l'être davantage encore, eu égard au siècle où elle s'est passée.

Dans cette terrible journée du 14 février 1512, à Brescia, un enfant de dix à douze ans, fils d'une pauvre femme du peuple, reçut cinq blessures, dont une lui fendit les deux lèvres. Il devint bègue. Aussi lui donna-t-on le nom de *Tartaglia*, mot italien qui exprime ce défaut de langue. Cet enfant fut le célèbre restaurateur des sciences mathématiques, et on ne le connaît pas sous d'autre nom.

Après la mort trop prompte de Gaston de Foix, malheureusement tué à la bataille de Ravenne, l'armée française fut obligée d'évacuer l'Italie par la mauvaise conduite de ses généraux. Alors Brescia fut encore assiégée, au commencement de 1513, par les Vénitiens et les Espagnols. Le gouverneur français capitula avec ces derniers, qui gardèrent la place pour leur propre compte. La *ligue* de Cambrai était un peu la coalition de fripons avides et ambitieux. La bonne foi de Louis XII avait été surprise lorsqu'il consentit à en faire partie. En effet, lorsque les Vénitiens eurent été battus, les alliés du roi de France le quittèrent et se réunirent contre lui. Aussi la sérénissime république ouvrit les yeux, et le *traité de Blois*, signé le 14 mars 1513, sanctionna bientôt une autre alliance, celle de Venise et de la France.

Je ne dis rien des autres siéges qu'il était encore dans les destinées de Brescia de subir : celui de 1515, des Vénitiens et des Français ; et celui de 1516, par *Théodore Trivulzi*, général des Vénitiens, soutenu par *Lautrec*, avec une division française, par suite duquel la place, battue par quarante huit pièces de grosse artillerie, capitula le 24 mai et rentra sous la domination vénitienne.

Brescia reste fidèle alors jusqu'à la dissolution de la république de Venise. Néanmoins, il est probable que le sang de nos batailleurs gaulois se trouve pour quelque chose dans l'énergie et le courage opiniâtre qui sont les signes remarquables du caractère des Brescians. La preuve est que peu de villes ont subi aussi dignement des siéges nombreux comme ceux que je viens de décrire.

Maintenant adieu, mon cher frère. Peut-être t'ai-je ennuyé de mes longs récits de guerre. Mais à qui voulais-tu que je parlasse batailles, combats, escarmouches, marches, contre-marches, mines, tranchées, galeries, camouflets, investissements, circonvallations et siéges, si ce n'est à toi, mon vieux et brave soldat du quarante-septième? Or, sache bien que c'était pour moi besoin d'en parler, puisque je suis à Brescia, que chaque jour je vois et la citadelle, et la ville-haute et la ville basse, et les forteresses, et la porte Garzetta, et la porte Saint-Jean, et la maison de Bayard, et l'Oglio, et le lac de Garde, et la plaine de Lombardie, et tout ce théâtre de merveilleux faits d'armes. Digère mes histoires comme tu pourras ; mais ne vois dans tout cet amalgame belliqueux qu'une preuve de la tendre sympathie et un témoignage de l'affection que je te porte.

Embrasse pour moi Mariette, Mathilde, Amélie, Clémence, et tout le bataillon de garçons que tu commandes, et permets-moi, après t'avoir bien serré la main, de prendre par le flanc droit, et, le front tourné sur Vérone, d'obéir à l'ordre du temps qui me crie : *Pas accéléré.... arche !*

Tout à toi de cœur et d'âme.

VALMER.

IV

A M. AUGUSTE GUERREAU, A PARIS.

Le cœur est l'écrin de l'amitié. — Paysage pittoresque. — Desenzano. — Le pont fortifié. — Peschiera. — Le fameux quadrilatère autrichien. — Le lac de Garde. — Contrastes de ses rivages. — Aspects curieux et poétiques. — *Castel-Nuovo.* — Le colonel des pages de S. M. l'empereur de toutes les Russies. — Vérone et Véronette. — Stradone della Porta-Nuova. — Batailles livrées sous les murs de Vérone. — Luttes des empereurs. — Les barbares à Vérone. — Vérone capitale d'un royaume. — La fille qui boit dans le crâne de son père. — Comment une reine se venge d'un roi. — Où l'on efface un peuple du catalogue des nations. — Escarmouches et petites guerres. — Les remparts de Vérone. — Ses portes et ses ponts. — Physionomie de la ville. — Castello-Vecchio. — Arènes et amphithéâtre. — Le Forum Veronense. — La maison des marchands. — Son beffroi. — Où les Français dérobent un lion. — Comment on fait cuire le poisson. — Piazza dei Signori. — Un dîner sous un rayon de soleil. — Les bouquetières agiles. — Le vin de l'empereur Auguste. — Palais de la famille della Scalla. — Nomenclature des Scaligers. — Appartements de Can Grande. — Dante. — Un bon mot mal placé. — Où et pourquoi des frères se tuent. — Morts mêlés aux vivants. — Les grands hommes de Vérone. — Palais du Conseil. — Coups d'arquebuse. — Le soir sur l'Adige. — Le tombeau de Juliette Capulet au clair de lune. — Les églises de Vérone. — Adieux.

Vérone, 20 août 185...

— J'étais l'ami de ton noble père, et, de droit, je deviens le tien ! me disiez-vous, monsieur, en présence de ma mère, à l'heure de nos adieux.

J'ai renfermé dans mon cœur, comme dans un écrin, cette précieuse parole pour laquelle je vous dis cent fois : Merci. Je viens en même temps vous donner la preuve que la recommandation que vous m'avez faite de vous écrire m'est fort agréable. Seulement vous voulez de l'art, de l'histoire, des paysages géographiques, des scènes de mœurs, que sais-je ? Ah ! prenez garde ! Quand je me mets à l'œuvre sur ce chapitre, ce n'est pas pour peu... Y tenez-vous bien fort ? Oui ? Eh bien ! agréez ou maugréez, peu importe maintenant. Je puis vous en donner à tarlarigo, et vous allez être accablé, inondé submergé, étouffé, asphyxié. Vous demanderez grâce, et je serai sourd ; vos yeux en deviendront rouges de fatigue, et je n'en verrai rien.

Ma mère a dû vous retracer l'itinéraire que nous avons suivi jusqu'à Brescia.

De Brescia à Vérone, rien de plus enchanteur ! Nous quittons la première de ces villes, avant hier, de bonne heure, afin de jouir de la fraîcheur des paysages. Que dis-je paysages ? Nous voyons mieux que des paysages ; car nous avons sous les yeux les beaux et vastes horizons de la Lombardie entière. On nage dans l'espace, on s'enivre d'air, on passe au travers des rayons de soleil, on se précipite vers l'inconnu plus mystérieux toujours, mais en admirant beautés sur beautés. Tout est charme magnétique, et douce et rêveuse poésie autour de nous. Puis ici et là, sonne à nos oreilles la trompette des batailles, dans le nom des stations que crie à haute voix le conducteur du train, comme pour rappeler que l'on parcourt la vaste carrière dans laquelle, en 1796, les athlètes français moissonnèrent tant de glorieux lauriers.

Voici *Ponte-San-Marco*, et après lui, *Lonato*, un petit village de cinq cents habitants à peine, mais dont le nom rappelle un merveilleux fait d'armes de la première expédition d'Italie, alors que Bonaparte voulait en prendre la clé, à savoir Mantoue, qui se cache bien au loin, sur notre droite, dans les horizons brumeux dorés par des flots de lumière.

Voici *Desenzano*, bourgade très-commerçante, grâce au port très-fréquenté qu'elle possède sur le lac de Garde.

Car voici également le beau et très-vaste *Lac de Garde*, sur notre gauche, qui, au sud, au pied même du chemin de fer, large comme un bras de mer, va se perdre en une immense pointe aiguë, entre des montagnes, et parmi des croupes arrondies et fort gracieuses. Rien de plus grandiose que l'enceinte des Alpes qui forment son gigantesque encadrement. Ici et là, des rochers aux escarpements pélasgiques dominant le lac à une hauteur prodigieuse, au couchant. Au levant, gorges vaporeuses qui charment le regard par leurs charmants effets d'ombres et de lumières. Au fond, à l'extrême pointe du lac, bancs de nuages qui glissent sur les cimes des Alpes, s'arrêtent sur leurs rampes mystérieuses, s'accrochent aux promontoires qui surplombent au-dessus des eaux, et après, blancs, dorés, argentés, étincelants comme des glaciers, appellent l'imagination vers les profondeurs lointaines, qu'ils couvrent d'îlots ombreux et d'inexprimables jeux de clair obscur. A quelque distance de la rive méridionale que nous longeons avec une lenteur calculée, du sein des vagues s'élève une île verdoyante, bien digne des rivages par sa riche végétation, et au milieu de ses lauriers roses, de ses citronniers et de ses bocages, nous sourit un joli village aux maisons blanches et aux fières villas. Pour toile de fond, Alpes du Tyrol, offrant des pics non moins ardus que les Alpes de Suisse, également couvertes de neiges éternelles, et séparées les unes des autres par d'effrayants précipices où vont s'engouffrer en mugissant d'imposantes cataractes. L'aspect de ces montagnes, formant autour du lac, du côté de Brescia surtout, et au fond de la perspective, un vaste et colossal amphithéâtre, est tout aussi merveilleux. Leurs avalanches n'y sont pas moins fréquentes ni moins redoutables. Les glaces que l'on voit briller sous les feux du soleil y sont aussi anciennes que la base sur laquelle elles reposent. Sur certains points, les traces de végétation disparaissent, et la vue semble tout à fait s'éteindre au milieu des neiges que jamais les chauds rayons du ciel n'ont fondues. C'est là que naît l'*Inn* pour se rendre à Inspruck ; c'est de là que vient l'*Adige*, à travers d'horribles déchirures de rochers et de magnifiques vallées, pour traverser Vérone, et aller se jeter dans l'Adriatique. Puis, à l'entrée des gorges, sur le plateau des promontoires, au fond des baies, sur la grève des anses, et même au plus haut des mamelons rocheux de ce cadre immense qui entoure le lac, vous apparaissent des villages et des bourgades, tous devenus fameux au moyen-âge, dans les guerres et les sièges qu'eut à soutenir Brescia ; sur la rive orientale, *Torbole*, *Malcesine*, avec un château pittoresque, *Castelletto*, *San-Virgilio* sur la pointe d'un cap, *Garda*, ville antique ayant donné son nom au lac, *Bardosino*, *la Cise*, et, sur la rive méridionale, près de nous, *Peschiera* avec ses formidables fortifications ; sur la rive occidentale, *Molino*, *Piere-di-*

Ledro, *Tiarno*, *Limone*, au pied de hautes montagnes abruptes ; au contraire, sur le sommet des rochers à pic, dans lesquels on a taillé un sentier pour y arriver, *Tremosine*, ville romantique à l'œil qui la voit se détacher sur l'azur du ciel ; *Gargano*, *Villa et Boglico*, cachés à demi dans des bois d'oliviers et d'orangers, au-dessus d'énormes parois calcaires ; *Toscolano*, qu'entoure une forêt d'amandiers ; *Maderno*, bourg d'origine antique ; *Salo*, étalant avec orgueil ses gracieux édifices et quelques monuments remarquables au fond d'une baie, que ceint de sa verte écharpe une longue file de citronniers, de mûriers, de vignes ; enfin *Desenzano*, que nous avons vu tout à l'heure, sur un pont fortifié de créneaux et de courtines, comme un avant-poste de Peschiera.

Mais si ces rives ont été illustrées aux guerres du moyen-âge, elles revendiquent aussi, au nom de notre France, leur part de gloire, lors de la première expédition d'Italie, par Bonaparte. Ainsi c'est dans tout le pourtour du lac, à partir de la rive orientale, pour y revenir par les rives septentrionales, occidentales, et du sud, que se trouvent *Borghetto*, *Peschiera*, *Arcole*, *Rivoli*, *Bassano*, *Roverdo*, *Trente*, *Riva*, *Castiglione*, *Lonato*, *Caldiero*, *Mantoue*, etc., etc.

Au moment où nous passons, en face du centre de la rive du sud, un stéamer y arrive pour toucher à Peschiera, et complète le mouvement et l'animation que présente le lac de Garde, sillonné en mille endroits de canots, de barques de pêcheurs, de chaloupes à voiles triangulaires, de péniches, d'yoles, de toute sorte d'embarcations légères. Ces nombreux esquifs vont et viennent en tous sens, longeant le plus souvent de longs jardins disposés en terrasses, sur la rive orientale où ils sont faciles à établir. Là, sur les assises où les divers étages de ces jardins croissent pêle-mêle des orangers toujours verts et des citronniers sur lesquels tranchent des piliers en maçonnerie badigeonnés de blanc, et servant de support aux traverses en bois que l'on couvre de chassis, alors qu'arrivent les rigueurs de l'hiver. Les fruits de ces arbustes en pleine terre forment la branche du commerce le plus lucratif de toute la contrée.

Le lac de Garde était connu des anciens, sous le nom de *Benacus*, et encore, dans le pays, l'appelle-t-on souvent *Bénaque*. Il est, sans contredit, le plus grand de l'Italie, car il compte trente-trois milles de Peschiera à Riva, qui en occupe l'extrême pointe. Il a quatre milles de largeur dans sa partie haute, huit dans sa partie moyenne, et douze dans la partie du sud, de Desenzano à Peschiera. Sa profondeur est très-variable ; mais en plusieurs endroits, on lui trouve trois cents mètres de fond, près de Gargano et de Castelletto, par exemple. La *Sarca*, une rivière alpestre, s'y perd au nord ; et au sud, elle sort, près de Peschiera, sous le nom de *Mincio*. On suppose que des sources très-nombreuses alimentent ses eaux qui sont élevées de cent mètres au-dessus de la mer. Il y règne des vents réguliers, nord et sud, qui s'appellent, dans le pays, le premier, *Sovero*, et le second, *Ora*. Le lac de Garda, comme celui de Genève, a des tempêtes d'une excessive violence. Aussi *Virgile*, qui le connaissait particulièrement et le visitait en bon voisin, dit-il de lui :

Fluctibus et fremitu assurgens, Benace, marino.

Un autre poète, *Catulle*, a célébré aussi le Bénaque. On prétend même que cet ennemi de César, qu'il attaqua dans ses vers, et qui était né à Vérone, ou à *Sermio*, sur la rive du lac, habita le rivage oriental du Bénaque. Quelques ruines que l'on montre sur la pointe de la presqu'île de *Sermione*, sont désignées comme ayant fait jadis partie d'une villa qu'il y avait fondée.

La *forteresse de Peschiera*, imposante, formidable, placée au-dessus de la pointe sud-est du lac, nous montre une inimaginable collection de courtines, de barbacanes, de demi-lunes, d'ouvrages à cornes, de redoutes de bastions et de glacis. Mais elle n'est pas tellement imprenable que les Français n'y aient mis un pied victorieux.

Peschiera et Mantoue, sur le Mincio, forment les deux points les plus avancés de cette position militaire désignée sous le nom de *quadrilatère*, position qui a toujours inspiré aux Autrichiens une grande confiance et qui, dans tous les cas, occupe, au point de vue de l'attaque ou de la défense, le role le plus important dans les opérations stratégiques d'une guerre en Italie. Deux autres places, situées sur l'Adige, Vérone et Legnago, complètent ce quadrilatère. Quelques mots d'abord sur l'Adige, qu'on peut regarder, à juste titre, comme la plus sérieuse, mais aussi comme la dernière défense de la Vénétie.

Ce fleuve, dont les sources descendent des montagnes de la Suisse, touche, avant d'arriver à Vérone, Balzano, Trente, Roveredo, et, inclinant au sud-est, à sa sortie de Vérone, qu'il divise en deux parties inégales, il aboutit à l'Adriatique, à Porto-Fossonne, après avoir suivi longtemps le cours du Pô, à une distance de douze kilomètres environ. C'est sur l'Adige que se trouvent comme nous l'avons dit, au nord, Vérone, au sud-est, Legnago.

Vérone, à cent cinq kilomètres de Venise, est une place de premier ordre. Les Autrichiens, pendant ces dernières années, l'ont entourée de travaux très-importants. Sa population dépasse soixante mille habitants. Cette immense forteresse permet à une armée autrichienne battue ou en nombre inférieur, de s'y retirer pour attendre des renforts, et, en cas d'offensive, de prendre cette place de guerre pour base d'opérations dans la vallée du Pô. Quant à Legnano, ville forte à trente-six kilomètres de Mantoue, elle est loin de présenter l'importance de Vérone, mais elle n'en contribue pas moins à former avec cette dernière ville, Peschiera et Mantoue, la plus forte position que les Autrichiens aient fortifiée en Italie.

De son côté, la ligne du Mincio peut être l'objet d'une défense d'autant plus sérieuse qu'elle ne compte de Peschiera à Mantoue que trente kilomètres de développement. Le Mincio sort à l'extrémité sud-est du lac de Garde, à Peschiera, forme dans la province de Mantoue le lac Supérieur, traverse cette ville, et en sort, après avoir fourni les eaux du lac Inférieur, pour se jeter dans le Pô, près de Graverlono. Son cours, est de soixante deux kilomètres, navigable en partie pour des barques de vingt-cinq tonneaux. On voit, en jetant les yeux sur la carte, qu'il faudrait tourner en entier le lac de Garde, si l'on voulait éviter le passage du Mincio, défendu au nord par Peschiera, et au sud par Mantoue, à cent-vingt kilomètres de Milan et à cent douze de Venise. Fortifiée par l'art et plus encore par la nature, cette place a toujours été considérée par l'Autriche comme un des remparts de sa puissance en Italie. Ce rempart renommé tomba toutefois devant les Français, qui, sous les ordres du général Bonaparte, s'emparèrent de Mantoue en 1797.

La masse imposante de Peschiera nous enlève le dernier aspect du la auquel nous disons adieu, pour saluer un peu plus loin le malheureux village de *Castel-Nuovo*, épouvantablement maltraité par les Autrichiens, dans la dernière guerre du vaillant et infortuné Charles-Albert, roi de Piémont, alors qu'il soutint les Milanais dans leur révolte contre l'aigle à deux têtes de S. M. I. et R., et à l'époque où se livraient, dans le voisinage, les deux *batailles de Goïto* et de *Santa-Lucia*, villages que nous découvrons, à distance, dans la plaine, vers Mantoue. C'était en 1848 que se passait ce drame mémorable.

A partir du *Mincio*, que nous passons sur un pont fortifié comme celui de Decenzano, lorsqu'il sort du lac de Garde pour aller arroser Mantoue et Piétola, le hameau de Virgile, le côté gauche du rail-way s'élargit et ouvre dans les montagnes dont les croupes s'arrondissent, un vaste amphithéâtre, que couronne, sur tous les points culminants, un long chapelet de forteresses, de citadelles, de fortins, de forts détachés, de redoutes et de bastilles. Au centre, assise sur un fleuve au sinueux ruban d'or, l'Adige, et sur des collines et une plaine verdoyante, se montre une ville majestueuse et d'un effet splendide. C'est Vérone.

Avant de quitter le wagon de première classe qui nous y amène, je dois, cher monsieur, vous faire part de la bonne fortune que nous avons eue pendant notre trajet de Brescia à Vérone. D'abord nous avons eu l'heureuse chance, fort inattendue, certes ! de nous retrouver là face à face avec un excellent ecclésiastique et un véritable baron, son ami, qui, l'an dernier, assistant à notre déjeûner à Monza, avaient expliqué au garçon italien comme quoi nous demandions des cailles, tandis qu'il nous servait des cornichons, puis avaient lié conversation avec nous, et enfin, peu à peu, étaient devenus nos amis... d'un jour. Je vous assure que c'est un plaisir pour nous de nous retrouver avec eux. Ils ne semblent pas moins satisfaits de leur côté. L'abbé, qui pendant longues années a été missionnaire dans l'Inde, nous raconte une quantité de drames dont il fut témoin et qui sont loin de parler en faveur de l'Angleterre, la souveraine maîtresse du pays. Il nous explique la révolte de l'Inde contre ce tyran, en nous révélant l'horrible pesanteur du joug. L'honneur des familles, la honte des jeunes Indoues indignement outragées, le repos des femmes constamment troublé, les sévices brutales les plus révoltantes, de cyniques et infâmes vexations de la part de ces orgueilleux Anglais, telles sont les causes de la formidable insurrection des Indous.

Dans les wagons des chemins de fer italiens, ont peut communiquer de l'un à l'autre, se promener, aller et venir. Un passage rectiligne est réservé entre les banquettes, comme les allées entre les chaises de nos églises. Or, pendant que je prêtais l'oreille aux récits de notre ami le missionnaire, j'avais avisé un quidam abordant fort courtoisement M. Valmer, et entrant en matière avec lui. Mais leur conversation se prolongeant outre mesure, je m'approchai pour en connaître le motif. Le quidam était-il Français? Pas de doute possible : la pureté de son parler le prouvait. Jamais un académicien ne s'exprima avec plus d'élégance, et ne montra plus brillante et plus facile élocution. Aux heureuses figures qu'il employait, on aurait pu croire que c'était un littérateur de premier ordre. Toutes les matières étaient traitées, passées en revue, analysées avec une précision rare, une netteté délicieuse, un tact exquis. Nous restâmes ainsi une heure peut-être, en admirant les paysages, parlant poésie, art, voyages, guerre, Crimée, etc., sans que rien nous mît sur la voie de la position sociale de notre personnage. Mais voilà que, au moment ou le chef de train se met à crier : Verona! Verona! notre académicien, notre littérateur, voyant que nous allions descendre, nous prend la main, nous la serre avec affection, et nous dit de la façon la plus aimable :

— Vous affirmiez tout à l'heure, messieurs, qu'un jour vous visiteriez la Russie, comme vous visitez l'Italie en ce moment. J'ai pris note de votre projet. Veuillez donc vous souvenir de moi, vous rappeler que vous avez un ami à la cour du Tzar, et, pour le retrouver plus facilement à Saint-Pétersbourg, venir au palais demander M. le comte ***, colonel des pages de S. M. l'Empereur de toutes les Russies...

Sur ce, sans même nous laisser le temps de nous remettre de notre surprise, il nous présente à deux dames, fort élégantes, sa femme et sa fille, qui occupaient une stalle, et, salutations échangées, nous accompagne jusqu'à la portière où une dernière fois, nous lui serrons la main.

M. Valmer, une fois à terre, me paraît avoir une certaine ressemblance avec un saule-pleureur battu par la tempête.

— Diavolo! fait-il en poussant un soupir, moi qui ai malmené les Russes à l'occasion des affaires de Crimée!...

Nous sommes à la station de Vérone. *Vérone*, sur la rive droite de l'Adige, *Véronette*, sur la rive gauche, sont là devant nous, dans le site le plus enchanteur que la fantaisie puisse créer. Au fond, croupes de collines dentelant l'azur du ciel, et courant aux points extrêmes de l'horizon. Ici et là quelques montagnes portant jusque dans les nuages leurs cîmes fantastiques, dans un lointain prodigieux. Sur les ondulations des collines, des redoutes blanches, des bastions blancs, de blancs châteaux-forts capitonnant la verdure. Dans la plaine tout autour de la ville, merveilleux tapis vert, planté de mûriers et de saules, d'ormaux et de peupliers, festonné de vignes qui courent en guirlandes d'un arbre à un autre arbre. Partout des allées sablées comme celles d'un jardin. Puis la ville, à l'extrémité d'une longue avenue qui précède la *Porta Nuova*, celle du rail-way. Mais si la nature qui s'étale si gracieusement aux regards, est de tous les âges, la ville, elle, semble oubliée là par les temps antiques, qui ne se sont pas souciés de l'entraîner dans leurs cours. Vous ne voyez dans toute sa circonférence que tours aux formes moyen-âge, en briques rouges, au sommet taillé en crêtes de coq : des bastions hérissant leurs têtes contre le ciel et déchiquetant l'horizon de leurs créneaux ; de vieilles maisons serrées les unes contre les autres, et se groupant pour se regarder plus facilement de leurs plateformes ou de leurs balcons. Portes à plein-cintre, coupant des rues comme des arcs-de-triomphe; arcades ogivales; fenêtres décorées de trèfles, tourelles gothiques ; palais supportés par des piliers; grilles découpées par la plus bizarre fantaisie; balcons ouvragés; colonnes antiques; façades chargées de fresques ; attiques avec statues ; niches curieuses ; fontaines étranges : c'est un tohu-bohu de vieilleries qui vous frappe de stupéfaction, comme si vous entriez dans une cité dont les habitants seraient morts depuis des siècles.

Une immense avenue, bordée d'arbres et de maisons, fort large, bien aérée, le *Stradone della Porta Nuova*, nous montre en perspective la vieille cité de Vérone, dans l'ensemble que je viens de dire. M. Valmer jubile. Je suis certain qu'il ne voit dans les hulans autrichiens, les jolies dames en crinolines, comme dans les nobles gentlemans que nous rencontrons, et les gens du peuple qui fourmillent, je suis sûr, dis-je, qu'il ne voit, lui, que des lansquenets ou des reîtres de 1300; des corsets en taffetas violet, à manches évasées, de couleur verdâtre, bordées de menu-vair ou de blanche hermine ; des tailles coupées par une cordelière pendante sur des jupes de camocas jaune ; des chaperons de velours vert aux hommes, avec l'aumusse sur l'épaule, le poignard castillan dans la ceinture, l'aumônière de rigueur, les chausses et le pourpoint, et les solerets à la poulaine. On devine qu'il nage en pleine eau dans son cher moyen-âge. Cette transition du vert splendide de la belle nature du dehors aux murs noirs des maisons, les parapets dentelés en créneaux moresques des ponts qui couvrent l'Adige ; les églises gothiques enfumées par les cheminées voisines : toute cette décoration vieillie, fanée, polluée, édentée, lui plaît, lui sourit, le charme.

Le fait est, cher Monsieur, qu'une semblable apparition vous reporte étrangement vers le passé. Moi aussi, je me mets à ruminer les vieux âges de Vérone, et la part qu'elle prit aux drames de l'histoire.

On croit qu'elle fut fondée par les Euganéens, du IVe au Ve siècle avant l'ère chrétienne. Ce qu'il y a de bien assuré, c'est que les Etrusques et ensuite les Venètes, ces derniers peuples de race slave, l'occupèrent successivement. Les Gaulois-Cénomans la leur ravirent ensuite, mais ils en furent dépouillés à leur tour par la conquête des Romains.

Déjà Vérone connaissait le nom de ces terribles Romains, car dans la belle plaine qui l'entoure, *Marius* avait vaincu les Cimbres et avait engraissé la campagne de leurs cadavres.

Vint *Jules-César*, 50 ans avant l'ère chrétienne. Il prit Vérone et la colonisa. Puis, en l'an 46 après Jésus-Christ, cette ville fut élevée au rang de municipe. Alors *Tibère*, le second empereur de Rome, l'entoura de murs bastionnés et flanqués de tourelles ; puis un *Castellum*, appelé plus tard le Château-Saint-Pierre, s'éleva pour mettre ses citoyens à l'abri de l'invasion des Barbares que l'on savait en mouvement dans le nord de l'Europe.

Quand Rome tomba en décadence sous la mauvaise administration des empereurs, Vérone fut souvent le théâtre des luttes qui déchiraient le monde romain. Aussi vit-elle l'empereur immonde, appelé *Vitellius*, battu par *Vespasien*, courir à Rome pour y trouver une mort honteuse.

Ensuite un autre empereur, *Carin*, associé au trône avec Numérien, fit mordre la poussière à *Sabinus*, dans ces mêmes plaines, et sous ces mêmes murailles.

Un autre empereur encore, *Julius Philippus*, dit *l'Arabe*, parce qu'il était né à Bosra, dans l'Idumée, après avoir été chef de brigands, s'étant élevé par son courage et ses talents aux premiers rangs de l'armée, prit le titre d'empereur de Rome, y vint célébrer les dixièmes jeux séculaires, en 247, et repoussa les Barbares, qui menaçaient l'empire, jusque sur le Danube. Puis les faisant encore poursuivre par *Dèce*, l'un de ses généraux, celui-ci, ambitionnant la pourpre impériale, rebroussa chemin, et vint surprendre et tuer, dans Vérone même, l'infortuné Philippe, qui régnait cependant avec sagesse et moralité, car il était chrétien.

D'autres empereurs toujours, *Maxence* et *Constantin*, se mesurèrent dans les champs de Vérone, en 312 ; celui-là fut vaincu, et celui-ci s'empara de la ville, après un assaut des plus terribles.

Ces grandes tragédies une fois jouées par les empereurs de Rome, sur cette scène grandiose, dont l'antique Vérone complète la décoration splendide, comme toile de fond, voici venir les horribles drames que vont représenter, sur cette même scène, les bandes sauvages des **barbares** envahissant l'Europe, et surtout l'Italie, en face des peuples consternés.

C'est d'abord *Alaric* et ses fougueux *Visigoths* que culbute, sous les murs de Vérone, *Stilicon*, le favori de Théodose et l'homme de guerre d'Honorius, empereur d'Occident, en 402. Mais Alaric se relève et va consommer la perte de Rome.

C'est ensuite *Attila, le fléau de Dieu*, avec ses *Huns* immondes, dont le passage, en 452, est entendu de Vérone, à qui les échos de la plaine et des montagnes apportent le bruit de la chute d'Aquilée, alors que le conquérant se fraie un passage pour marcher aussi vers la ville éternelle.

Puis c'est *Odoacre*, fils d'un ministre d'Attila, qui après avoir erré à l'aventure dans la Norique, quitte ce royaume trop froid, avec ses *Hérules*, domptés d'abord par Attila, puis devenus possesseurs d'un royaume sur les bords du Danube, et envahit à son tour l'Italie, en 475, pour y trouver des contrées plus chaudes, s'empare de Rome, achève d'en disperser les décombres, et s'établit à Vérone, dont le site lui plaît, et d'où il règne sur ses terres qu'il a soumises. Mais il ne jouit pas longtemps de son triomphe.

Voici que *Théodoric*, né en Pannonie, envoyé à Constantinople, où il prend des idées de civilisation, devient roi des *Ostrogoths*, et, en 487, envahit aussi l'Italie, assiège Odoacre dans Ravenne, où il s'est réfugié, le force à capituler, promet de partager le trône avec lui, quelques jours après le poignarde dans un festin, et reste ainsi seul maître de la Péninsule. Alors, assis sur le trône, il commence à peine à régner que l'eunuque *Narsès*, chambellan, trésorier, puis général de Justinien, empereur d'Orient, vient lui livrer bataille dans ces mêmes champs de Vérone, et le force à se réfugier à Rome, où Théodoric, qui est sans contredit le plus grand des rois barbares qui aient envahi l'Italie, efface les ruines, guérit les blessures faites à la ville, rétablit l'ordre, favorise les lettres, l'agriculture, le commerce, s'entoure des Cassiodore, des Symmaque, des Boëce, et règne avec sagesse.

Mais Narsès, son vainqueur, irascible et jaloux, se voyant remplacé dans l'exarchat de Ravenne, dont il avait ménagé la gloire et le repos, par *Longin*, que Justin II envoie pour le remplacer, se venge en appelant encore dans l'Italie, déjà si ravagée, d'autres barbares aussi farouches et plus terribles peut-être que les premiers. Les *Lombards*, en effet, envahissent la Haute-Italie, et *Alboin*, qui régnait déjà dans la Norique, y fonde le royaume Lombard, et fait de Pavie sa capitale. Mais c'est à Vérone, c'est dans ces vieux palais noircis par le temps, que *Rosemonde*, fille de Cunimond, roi des Gépides, égorgé par Alboin, devenue la proie du vainqueur, et ayant été forcée de boire dans une coupe faite du crâne de son père, jure de tirer vengeance de cette odieuse profanation. Elle l'appelle à Vérone, le fait tuer par Péridée, secrétaire d'Helmichilde, son favori, en 573, donne sa main à ce dernier, et s'enfuit avec lui à Ravenne, où elle livre ses trésors à Longin pour en obtenir l'hospitalité.

Alors la Haute-Italie voit se succéder la série des rois Lombards qui fixent leur séjour tantôt à Vérone, tantôt à Pavie. Puis, en 774, deux cents ans après sa fondation, Vérone et Pavie, le royaume Lombard tout entier tombe aux mains de *Charlemagne*, dont les vexations sanglantes de *Didier*, son dernier roi, vis-à-vis de l'église de Rome, ont allumé la grande colère. Il efface le peuple Lombard du catalogue des nations sans pouvoir effacer son nom, qui reste à la contrée qu'il a occupée. Enfin son fils s'établit à Vérone pendant quelque temps.

Sous les Carlovingiens, descendants du grand monarque Frank, Vérone devient le chef-lieu de l'une des Marches du royaume d'Italie.

Mais bientôt dans les lambeaux de cette Italie septentrionale livrée à des marquis, à des ducs, qui s'y taillent des principautés, des seigneuries, etc., on trouve moyen de former un petit royaume. Seulement la vie lui manque, et à peine deux rois peuvent-ils en occuper le trône qu'il s'écroule bien vite, et les ensevelit sous ses ruines. Le premier de ces rois est *Béranger*, fils d'Eberhard, duc de Frioul, et de Gisèle, fille de notre Louis le Débonnaire. De nombreux compétiteurs ont entravé son avènement : mais il en triomphe, règne avec bonheur pendant trente-six ans, puis trouve un ennemi plus adroit dans Rodolphe II, duc de Bourgogne-Transjurane, qui l'enferme dans Vérone, et l'y assassine indignement.

Béranger II, son petit-fils, marquis d'Ivrée, doit lui succéder ; mais forcé par la tyrannie de Hugues, un seigneur plus habile qui l'a devancé sur le trône, de se réfugier en Allemagne, l'empereur Othon, voulant faire de l'Italie un fief relevant de son empire, fait mourir en prison le prince exilé, en 966, et s'empare de Vérone, sa capitale, et de la Marche de Vérone.

Pauvre Vérone ! fatiguée de tant de secousses, et prenant en haine profonde l'ambition démesurée des empereurs d'Allemagne, comme toutes les villes du nord, elle se constitue en république, prend une part très-énergique aux guerres des deux ligues lombardes, lutte avec courage contre Frédéric Barberousse, et malheureusement tombe au pouvoir violent de *Esselino III*, Gibelin forcené, tyran de Vicence, qui s'empare également du pouvoir à Padoue et à Brescia. Bientôt le surnom de *Féroce* est donné à ce monstre, car il commet dans les villes soumises à ses lois des cruautés tellement abominables qu'elles surpassent l'imagination. On parle de ses criminelles débauches, comme de son effroyable barbarie, avec tant de terreur dans toute l'Italie, que le pape Alexandre IV prêche, en 1256, contre ce tyran, une croisade dans laquelle entrent tous les Guelfes, et à la tête de laquelle se met le marquis d'Este, son ennemi. Après avoir résisté quelque temps, Esselino finit par succomber. Il tombe mortellement blessé, au pont de Cossano, sur l'Adda, à sept lieues nord-est de Milan, l'an de grâce 1259, et va rendre compte à Dieu des crimes de sa trop longue vie.

Alors le gouvernement de Vérone passe à la famille *della Scala*, l'une des plus fameuses familles Gibelines de la vieille cité.

Enfin, en 1405, elle devient le domaine de la république de Venise. Lorsque la ligue de Cambrai fut concertée entre le roi de France, l'empereur d'Allemagne, le roi d'Aragon et le pape Jules II contre la sérénissime république, Maximilien la posséda pendant huit années, de 1509 à 1516, mais elle revint encore à Venise. La révolution de 1789 amena sa chute entre les mains de l'Autriche, puis elle fit partie du royaume d'Italie fondé par Napoléon Ier. Mais les traités de 1815 la rendirent encore à cette puissance dont, comme toute la Lombardie-Vénitienne, elle ne supporta le joug qu'à contre cœur.

Avant de vous faire entrer dans la ville avec nous, Monsieur, je voudrais vous esquisser le plan de Vérone. Quelle forme lui prêter? Je ne saurais le dire : la géométrie ne me nomme aucune figure qui lui convienne. L'Adige qui l'arrose coulant du nord au sud, dessine au bas de l'amphithéâtre de collines dont j'ai parlé une ∽ couchée. Or, au nord de la rivière, rien que la plaine. Mais à l'est, *Véronette*, avec la *Porta-San-Giorgio*, le *Castel San-Felice*, en pointe avancée sur la montagne ; le *Castel San-Pietro* plus bas et les ruines très-bien conservées d'un *théâtre antique* sur le bord oriental de l'Adige ; à côté du vieux *Pont della Pietro*, *l'Église de Saint-Nazaire*, celle de *Saint-Thomas de Cantorbéry*, et la *Place d'Armes* ; au sud-est, une longue ligne brisée de fortifications, et la *Porta Vescovo* ; le tout formant l'ensemble de ce qu'il y a de plus inimaginable en vieilles maisons à façades décrépites, en rues tortueuses, aux fenêtres drapées de haillons immondes, et parées de femmes indignes de ce nom. Telle est Véronette. Qu'elle ne me remercie pas, son portrait n'est pas flatté.

C'est donc au sud et au sud-ouest de l'∽, ainsi couchée, dessinée par le fleuve, que se trouve *Vérone*, la grande portion de la cité la plus noble, la plus curieuse et la plus antique. Elle aussi possède une enceinte de fortifications imposantes que coupent, en allant de l'ouest au sud, et du sud à l'est, les *Portes San Zeno*, *Stupa* ou *del Palio*, et *Porta-Nuova*, par laquelle nous avons fait notre entrée, en face du *Stradone della Porta-Nuova*.

Sur l'Adige, en commençant par le nord, on voit d'abord à fleur d'eau les piles d'un pont antique de construction romaine. Puis, juste au coude que présente l'Adige, se dresse comme un fantôme du moyen-âge, le *Castello Vecchio*, entre la rue du Corso et le fleuve, bâti en 1350, par Can II della Scala, et qui communique avec la rive gauche de l'Adige, par un pont d'un effet très-pittoresque.

En continuant à descendre le cours de l'eau, dans le creux formé par l'∽ couchée, on trouve l'*Archevêché* et la *Cathédrale*. Puis en tournant avec la rivière, on arrive au *Ponte della Pietra*, dont trois arches sont antiques, ensuite au *Ponte Nuovo*, qui est loin d'être neuf nonobstant son titre, puis au *Ponte della Navi*, et enfin, au confluent d'un canal qui passe devant le front de la ville, en tête du Stradone, le *Tombeau de Juliette de Capulet*, l'une des gloires de Vérone.

Si vous tirez une ligne de la Porte Stupa, œuvre de l'architecte *San-Micheli*, à l'ouest jusqu'au fleuve, dans le creux du coude, vous dessinez la principale rue de Vérone, le *Corso*, dont le milieu est coupé par une porte antique romaine, en forme d'arc-de-triomphe, à double arcade, avec colonnes corinthiennes, et un ordre étrange de douze fenêtres superposées, qui s'appelle *Porta Borsari*, et vous arrivez à la *Chiesa Santa Anastasia*, l'une des plus curieuses de la ville.

Tel est le plan général de Vérone. Maintenant avançons, et laissez-moi nous remettre à l'extrémité intérieure du Stradone della Porta Nuova, par lequel nous arrivons. Cette avenue du Stradone nous met d'abord en face d'une autre porte antique, également de forme triomphale, qui a nom *Arco de'Leoni*. A peine l'avons-nous franchie que nous sommes dans Vérone, sur une immense place, occupant juste le milieu du coude qui forme l'Adige, et décorée de monuments qui fixent et captivent aussitôt notre attention. Cette place magnifique se nomme *Piazza Bra*.

Voici d'abord à gauche la colonnade d'un théâtre, le *Théâtre Philharmonique*; puis à droite, le *Palais della Gran'Guardia*, caserne moderne, monumentale, décorée de portiques corinthiens, et émaillée d'uniformes de toutes couleurs. Voici ensuite le *Palais della Gran'Guardia Antica*, magnifique, mais très-antique corps-de-garde. Mais en face, un peu à droite, voici surtout les *Arènes*, c'est-à-dire l'*Amphithéâtre Romain*.

Cette arène, longue de 156 mètres et large de 125, est de forme ovale comme tous les amphithéâtres. Elle est compète : il ne lui manque que l'enceinte extérieure, l'écorce, dont les cinq ou six arcades qui sont encore debout sous les chiffres LXIV, LXV, LXVI, LXVII, rendaient très-facile la reconstruction du reste. L'arène proprement dite compte 75 mètres, sur 45. Les gradins qui l'entourent, tout aussi purs d'arêtes que s'ils sortaient de la main de l'ouvrier, sont au nombre de 45. Aux extrémités du grand axe s'ouvrent deux portes majestueuses que couronnent des tribunes décorées de balustrades. On reconnaît les loges des belluaires et des animaux qu'ils devaient combattre. Les entrées et les sorties pour les nobles personnages, les vomitoires pour la foule, les égoûts pour l'écoulement des eaux après les naumachies, tous les vestiges des divers usages de cet amphithéâtre sont là qui se montrent à vous béants, saisissables, tout prêts à servir, comme, si, le soir même, cette arène devait boire le sang des lions, des panthères des urus et des gladiateurs. D'énormes quartiers de pierres, restaurés, bien entretenus, composent cet imposant édifice dont la majesté saisit l'imagination. En se rappelant que Tibère, par les soins de qui Vérone fut entourée de murs bastionnés et flanqués de tourelles, a sans doute doté la ville de ce monument destiné à d'horribles plaisirs, on devient triste au souvenir des drames sanglants dont il fut le témoin et le théâtre. On raconte que l'empereur Trajan donna dans cet amphithéâtre le spectacle d'un combat de bêtes féroces en l'honneur de sa femme, qui était de Vérone. Vingt-deux mille citoyens pouvaient s'y placer à l'aise et jouir du spectacle de la mort! Aujourd'hui on le décore, on le couvre de velours et de crépines d'or, afin d'y donner une fête à l'archiduc et à sa nouvelle épouse. Nous y assisterons, si possible.

Nous nous devions à nous-mêmes de visiter ce Colysée. Maintenant que ce devoir est rempli, nous prenons, à gauche de la place Bra, une rue transversale qui nous conduit au Corso, précisément auprès de la Porta Borsari. Là se trouve un hôtel qui porte le nom d'*Albergo della Czara*. Russes comme nous sommes, depuis notre liaison avec le colonel des pages de S. M. l'empereur de toutes les Russies, nous nous devions de prendre gîte à l'*Hôtel de la Tzarine*.

L'hôtel en question est russe, en effet, cher Monsieur! Ses lits sont durs, ses appartements mal éclairés, et la table..... Oh! nous nous en abstenons, de crainte qu'elle ne nous serve quelque brouet sarmate. Mais, une fois notre lit assuré, nous retournons sur la place Bra, et de là, remontant les rues qui s'enfoncent dans le cœur de Vérone, rues assez larges, garnies de boutiques assez bien assorties, fort passantes, nous arrivons à une place qui, à elle seule, vaut toute la ville, par l'intérêt qu'elle inspire, par les curiosités qu'elle exhibe, et par les antiquités dont elle vous entoure.

Cette place a nom *Piazza delle Erbe*. C'est la place du marché à cette heure, jadis c'était le *Forum Veronense*, le *Forum de la République de Vérone*, témoin et antique édifice qui porte sur son front le millésime de 1302, au-dessous d'une niche profonde, ornée d'une fort belle statue de la Vierge-Mère, œuvre de *Campagna*, et dont la large façade, la lourde architecture, et le haut beffroi, aux teintes grises, attestent le vieux âge, les aventures cruelles, et le sanctuaire du pouvoir. C'était jadis le *Duomo dei Mercatori*, la *Maison des Marchands*, le *Palais du Sénat*; aujourd'hui c'est l'Hôtel-de-Ville. Le long et large parallélogramme que forme cette place vénérable, est entouré d'anciennes maisons qui remontent aux XIIIe, XIVe et XVe siècles. Leurs façades sont presque toutes enluminées de bizarres et très-curieuses peintures aux vives couleurs, scènes dramatiques, drames sanglants, cérémonies religieuses. Il y en a pour tous les goûts. Ici et là, de lourds piliers, des colonnes plus sveltes sont accolés aux maisons dont ils appuient la haute taille. Des sculptures fantastiques, des balcons de tous les styles et de toutes les formes les décorent. On dirait que toutes ces demeures s'inclinent majestueusement en présence du puissant seigneur le donjon du beffroi, qui les domine et qui est plus haut du double que notre colonne de juillet. Quand sonne sa cloche au timbre majestueux, les vibrations lugubres qui bruissent aux oreilles, semblent l'écho d'une menace qui recommande de ne pas bouger. Il fut commencé au XIIe siècle, dit-on, par de simples bourgeois de Vérone, les *Lamberti*. A l'extrémité de cette place, se dresse un autre palais, le *Palais Maffei*, aux soubassements robustes, aux bossages accentués, comme s'ils devaient résister aux flots d'une marée montante. Enfin, à l'un des foyers de son enceinte presque elliptique, se dresse, solitaire, muette, mais hautaine et menaçante aussi, une colonne de granit, isolée, jadis symbole de la domination de Venise sur Vérone. Le Conseil des Dix l'a érigée là, en face du Sénat, et jadis il l'avait couronnée du lion de saint Marc, tenant l'épée nue, pour ôter aux Véronais l'idée de la révolte en face du souvenir de la vengeance. Mais en 1785, les Français, grands prôneurs de liberté, ont fait disparaître cette image d'un pouvoir absolu et tyrannique. La colonne seule est restée. Jadis, paraît-il, du moment qu'un débiteur avait touché cette colonne, il devenait sacré, et nul de ses créanciers ne pouvait plus le poursuivre. Bienheureuse colonne! Que ne décores-tu l'une des places de notre Paris, en y conservant ton antique privilége, bien entendu : que d'hommages tu recevrais chaque jour. Tous les gamins de Vérone semblent s'être donné rendez-vous sur cette place, les femmes y bavardent dans les attitudes les plus excentriques et les costumes les plus débraillés; c'est tout un formidable coassement qui bourdonne et éclate à briser les oreilles. Les paysans des contrées voisines y grouillent partout, et cela se conçoit. On ne marche qu'entre des défilés de montagnes formées par d'énormes pastèques dont cette foule se délecte. Des tas de citrons, des collines de cédrats, d'effrayants amas de légumes, vous barrent le chemin sur tous les points. Quant aux éventaires de poissonnerie, truites, anguilles, sardines, c'est à n'en rien dire, de crainte d'éveiller la pensée d'une odeur..... Cependant, si j'omets de parler de ces produits du lac de Garde, ce sera supprimer un détail qui a son intérêt.

Vous le savez, le lac de Garde est voisin de Vérone, de sorte que c'est à Vérone que l'on apporte ses *frutti di mare*. Or, voici comment l'on procède à la pêche de la truite. Un grand mât est planté dans l'eau. Un homme monte sur ce mât et s'y asseoit sur une planchette. Alors il reste là, comme une statue, bravant l'agitation, quelquefois même les violentes tempêtes du lac, et d'une main ferme il soutient des ficelles armées de crochets où se prennent les truites. En est-il une qui morde? vite un signal est fait de son bras droit qui imite le télégraphe, et une barque s'approche, s'empare de la proie, et s'éloigne. On recommence ainsi l'exercice dix, douze, quinze, vingt fois, et pour arriver à un résultat quelque peu satisfaisant, notre pêcheur, hissé sur son mât, doit y passer souvent une journée entière. Aussi la truite se vend-elle fort cher.

Pour les sardines, c'est autre chose. On les apporte vivantes sur le marché, et les amateurs arrivent bientôt. Alors un brasier est allumé : sur sa cendre brûlante on étend les pauvres sardines sortant de l'eau, vives et frétillantes, il faut voir! Puis on les dépose sur un plat, on les assaisonne de sel, de poivre et d'huile de sermione, et alors : Enlevez et servez chaud !

Vous concevez que nous ne restons pas longtemps témoins de cette cuisine en plein vent. Mais nous nous enfonçons, à notre droite, dans une petite ruelle sombre, étroite et nauséabonde, qui heureusement n'a que huit ou dix mètres de parcours, dont une voûte antique, que couronne une tour carrée, crénelée, écornée, calcinée par le temps, forme la porte. Cette voûte s'appelle *Volto Barbaro*, parce que c'est en ce lieu que Scaramelle assassina le tyran de Vérone, Mastino I, au XIIe siècle, comme je vous le dirai plus loin. Nous atteignons immédiatement une autre place carrée, obscure, enfermée par les hautes murailles, noires et sinistres, de vieux palais dont les ailes convergent et divergent dans tous les sens. C'est tout autour de nous une étrange physionomie de vieux châteaux moyen-âge, véritables prisons sépulcrales, aux pertuis fermés de grilles de fer, aux fenêtres hérissées de barreaux effrayants, aux soupiraux suffisant à peine à tamiser à l'intérieur un jour terne et blafard, aux poternes basses semblant ouvrir dans d'horribles et puantes oubliettes. On ne croirait jamais devoir rencontrer des paletots, des habits noirs ou des chapeaux, mais bien plutôt des aumuses et des chaperons sur une telle place. Pour compléter le tableau, à l'extrémité de cette place, par une déchirure de construction éboulée et formant une autre ruelle, nous entrevoyons des tombeaux gothiques, s'élevant de terre, les uns, comme des cippes, des mausolées, des pyramides; les autres, suspendus en l'air, par d'élégantes colonnettes, et brodant l'azur du ciel de leurs clochetons, de leurs niches gracieuses, et de leurs trèfles élancés.

— Où sommes-nous donc ici? dis-je à l'ami Valmer.

— *Piazza dei Signori… Place des Seigneurs!* me répond-il, en me désignant du doigt un écriteau indicateur. Les seigneurs, ce sont les della Scala sans doute, dont voici les vieux palais, très-probablement, ajoute-t-il. Mais seigneurs della Scala, ou non, malgré l'aspect funèbre de l'endroit, comme voici le restaurant de Giovani Squarzoni, entrons et dînons. Ou plutôt n'entrons pas, mais, comme ces officiers autrichiens, faisons mettre notre couvert sur cette place, sous ce rayon furtif de soleil que les interstices de ces créneaux permettent de s'égarer sur les dalles de ce parvis, et, Diavolo! dînons sans tristesse, car ventre affamé n'a pas… d'yeux. Ne regardons pas, mangeons…

— Et tout en mangeant, cher maître, continuai-je, nous ferons de l'histoire, nous parlerons des della Scala, autrement dit des Scaligeri, dont ces vieux murs vont nous livrer les secrets ; et rien n'est curieux et intéressant comme les faits ressuscités sur les lieux mêmes qui les ont vus... naître.

J'achevais à peine ma tirade que deux jeunes filles, élégamment vêtues, les cheveux au vent, le sourire aux lèvres, deux pastels échappés à leurs cadres, nous apparaissent soudain comme deux papillons capricieux qui errent au hasard, et les voici qui déposant ici et là, sur les tables d'un colonel, de deux majors, de quelques officiers, et sur nos propres assiettes, de délicieux bouquets de fleurs les plus odorantes, s'échappent, plus rapides que ces insectes aux ailes d'or qui butinent le long des cours d'eau, sans attendre le don de quelques piécettes blanches, en échange de leurs jolis boutons d'orangers.

— Heureux présage ! dis-je. Ces sépulcres de là-bas m'avaient attristé ; mais puisque l'on nous couronne de fleurs à notre arrivée, c'est que le bonheur et la sécurité nous attendent à Vérone.

On nous sert. Le silence règne à notre table : mais quelle ardeur à l'œuvre de mastication. Permettez-moi, Monsieur, de chanter ici l'hymne de la reconnaissance. Les *poulets à la Véronaise* sont exquis, et les olives ont une saveur à nulle autre pareille. Les fruits sont plus fins que partout ailleurs ; et le vin, du *Val-Pollicella*, oh ! voyez-vous, le vin est excellent. On raconte de ce vin que l'empereur Auguste n'en buvait jamais d'autre. A la bonne heure, je rends mon estime à l'empereur Auguste. Il pouvait être quelque peu dissimulé, mais il était franc dans ses goûts, et il appréciait bien les choses. Certes ! ce n'est pas pour rien que *Virgile*, le chantre de Mantoue, célèbre ce vin dans ses vers, sans toutefois lui donner le premier rang :

<pre>
        Et quo te carmine dicam
  Rhetica ? nec cellis ideo contende Falernis (1).
</pre>

---

(1) L'abbé Delille traduit ainsi ces vers

<pre>
  Rhétie, on vante au loin tes vins délicieux !
  Mais Hébé verserait notre Falerne aux Dieux.
</pre>

Columelle, le plus célèbre agronome de l'antiquité, a fait aussi l'éloge de de ce vin de Pollicella. *Pline le naturaliste* nous apprend qu'il était les délices des tables romaines ; *Cassiodore*, le ministre de Théodoric, le préfère aux vins de Grèce, et le faisait boire par son illustre maître, qui, malgré ses qualités nombreuses, agissait parfois en Ostrogoth, témoin la mort cruelle qu'il fit subir à *Boëce*, son conseiller, et l'ingratitude dont il paya Cassiodore lui-même. Après tant de si hauts témoignages, jugez, Monsieur, si nous fêtons ce vin... Aussi, peu à peu, notre langue se délie, les objets mortuaires qui nous entourent deviennent couleur de rose, nous contemplons avec attendrissement les ravenelles élancées des manoirs des Scaliger, leurs galeries, leurs fenêtres borgnes, où nous croyons voir briller les yeux malins de quelque page lutin, ou le visage narquois de gentes demoiselles, et alors M. Valmer de dire avec emphase :

— Voici donc ces demeures des della Scala, dont l'origine fut brillante comme l'aurore d'un beau jour, et dont la fin ressemble à ces soirées sinistres qui s'éteignent dans le désordre des éléments. Farouches et barbares, d'abord, comme toutes les familles énergiques de l'Italie, les Scaliger surent s'élever au-dessus du vulgaire par la violence et le crime. Gibelins forcenés, ils se rangèrent au parti des empereurs d'Allemagne, contre le parti populaire représenté par les Guelfes.

Ainsi, dès le début, *Mastino I della Scala,* Podestat à Vérone, après la chute d'Esselin-le-Féroce, en 1259, se montre l'implacable ennemi de ces Guelfes dont la colère s'accroit chaque jour. On est bientôt aux regrets de l'avoir élu capitaine-général perpétuel. Aussi *Scaramelle des Scaramelles* l'attaque adroitement un soir qu'il passait sous les arcades du palais que voici, et lui plonge son poignard dans le cœur. C'était le 17 octobre 1277. Par ce meurtre, Scaramelle vengeait l'honneur d'une jeune fille, sa parente, victime de la brutalité de Mastino.

Alberto I, son frère, devient son vengeur, et s'empare du souverain pouvoir, qu'il garde de 1277 à 1301.

Bartholomæo I et *Alboino I,* ses fils, se font eux-mêmes podestats, et commandent à Vérone de 1301 à 1311, mais l'un après l'autre.

Prend alors la souveraine autorité le plus fameux des della Scala, *Can I,* surnommé le *Grand, Grande*, troisième fils d'Alberto I, né en 1291, podestat en 1312, guerrier intrépide. Il étend sa domination, non-seulement sur les villes de Brescia et de Padoue, mais aussi sur le Frioul, et il joignit Trévise à ses domaines. On le nomme capitaine-général des Gibelins en Lombardie, et lieutenant et conseiller des empereurs. C'était un souverain magnifique dans ses dons et ses dépenses, grand et noble dans sa conduite. Une fête que Can-Grande donna en 1338, pour la réunion de Padoue, vaincue, à ses autres villes et états, dura un mois tout entier. Des chevaliers, des bouffons, y accoururent de toute l'Italie et d'au-delà des monts, et ils furent tous reçus à sa cour et honorablement traités. C'est lui qui éleva ou agrandit tous ces vénérables palais, noircis par le temps, que tu vois se dresser autour de cette Piazza dei Signori. A leur occasion, les historiens racontent d'intéressants détails de l'ingénieuse hospitalité qu'il y donnait à ses commensaux. Ainsi divers appartements, selon leurs diverses conditions, leur étaient assignés dans ces manoirs : les appartements étaient désignés par des symboles et des devises : la Victoire pour des guerriers; l'Espérance pour des exilés; les Muses pour les poètes ; Mercure pour les artistes; le Paradis pour les prédicateurs. A tous il faisait donner des domestiques et une table abondamment servie. Pendant le repas, des musiciens, des bouffons et des joueurs de gobelets parcouraient ces appartements. Les salles, actuellement enfumées, de ces palais étaient ornées de tableaux, peints par *le Giotto*, qui rappelaient les vicissitudes de la fortune. Souvent aussi Can-Grande appelait à sa propre table quelques-uns des hôtes qu'il estimait ou qu'il aimait le plus. A cette époque, l'illustre *Dante Alighieri*, expulsé de Florence, à cause de son opinion, errait de ville en ville, luttant contre la misère.

Can I Grande della Scala, le sachant à Sienne, s'empressa d'appeler à Vérone l'illustre amant de la poésie, qu'il venait de ressusciter. Il l'établit dans un de ses appartements, le traite splendidement, et se montre son ami et son protecteur. Mais Dante ne répondit que par la froideur aux généreuses avances du Scaliger. Un jour que des bateleurs divertissaient les dames de la cour, par leurs jeux et des plaisanteries d'une fade gaieté, Dante restait grave et pensif au milieu des rires et des lazzis de ceux qui l'entouraient. Can Grande, par courtoisie, s'approcha du poète, et déplora que ses courtisans prissent leur divertissement à écouter les sornettes de pauvres bouffons, lorsqu'ils pouvaient jouir de l'esprit et de la conversation d'un sage.

— Cela n'a rien d'extraordinaire, répondit Alighieri, les sots écoutent volontiers leurs semblables.

L'écho de la salle redit cette parole blessante aux amateurs de joyeusetés et de fadaises : tout le monde, même le podestat en fut blessé. Aussi Dante s'en aperçut bientôt, et, sans qu'on lui eût manifesté ni froideur ni indifférence, un beau matin, le poëte disparut, et s'achemina vers Ravenne, où l'appelait Guido Novello, près de qui la mort le surprit. Mais il demeura toujours l'ami de Can Grande, car ce fut à ce prince qu'il dédia la troisième partie de sa divine comédie, l'*Enfer*, dont on prétend qu'il emprunta l'idée des *Cercles*, aux gradins de l'amphithéâtre de Vérone. Mais tout au moins le grand poëte chanta dans ses vers les courses à pied des hommes, à Vérone, où le prix était une pièce d'étoffe, ce qui fit donner le nom de Palio à ces fêtes, dans lesquelles, outre les chevaux, on faisait courir les ânes, les hommes et jusqu'aux femmes. A l'occasion de ces courses, fort ordinaires dans l'Italie, Dante compare au vainqueur son maître *Brunet Latin* :

« Il parut de ceux qui courent le *palio* vert, à Vérone, par les champs, et parut comme ceux qui le gagnent et non qui le perdent » (1).

Can Grande mourut, en 1329, à Trévise ; mais ses restes sont à Vérone. *Mastino II* et *Alberto II*, neveux de Can I Grande, lui succédèrent. Le premier, né en 1298, eut seul le pouvoir, accrut beaucoup ses Etats, et organisa une ligue en Lombardie, contre Jean de Bohême. Mais il fut attaqué par les Florentins et la république de Venise coalisés, et réduit à Vérone, Vicence, Parme et Lucques. Il mourut en 1351.

Can II, fils et successeur de Mastino II, se posa en tyran avide et féroce. Aussi, devenu odieux, un jour qu'il revenait à cheval du Château Vieux qu'il faisait construire, et que nous avons vu sur la rive droite de l'Adige, en face d'un pont qui le met en communication avec la rive gauche, son frère, Can Signorio, l'égorgea traîtreusement, en lui passant son épée au travers du corps, près de l'église *Santa Eufemia*, le 14 décembre 1359. Aussi *Pétrarque* écrit-il quelque part que Vérone, comme Actéon, était dévoré

(1) D'après les curiosités italiennes de M. Valery, (Enfer, can. XV.)

par ses propres chiens. *Canis*, en italien *cane*, est ici un jeu de mot, par allusion à *can* ou *cane*. prénom de plusieurs des Scaliger.

Can Signorio arrivait au trône par un crime, le crime lui devint familier. Proclamé podestat avec son frère Paolo Albano, il l'enferma dans son château-fort de Peschiera, où il le fit étrangler, pour assurer sa succession à ses bâtards Bartholomeo et Antonio. Il n'est donc pas étonnant qu'il se montrât bientôt tout aussi vicieux, tout aussi mauvais que le frère auquel il venait d'ôter la vie. Depuis Can Grande, la maison della Scala perdant la renommée que celui-ci lui avait acquise, déclinait vers sa chute. Can Signorio embellit Vérone cependant, et ce fut lui qui acheva le beffroi qui domine la maison des Marchands, sur la Piazza delle Erbe. Mais il fut le dernier prince mâle de sa famille.

Lorsqu'il mourut, en 1375, *Antonio* et *Bartholomeo II*, fils naturels de Can Signorio, régnèrent ensemble de 1375 à 1381. Puis Antonio fit tuer Bartholomeo. Mais alors Philippe-Marie Visconti guerroyait, autant par trahison que par l'épée, pour se rendre maître de toute l'Italie septentrionale. Après s'être emparé de Padoue sur les Carrare, il voulut s'emparer de Vérone sur les della Scala. Il en vint à bout. Aussi, dépouillé de ses Etats, Antonio alla mourir dans les montagnes de Forli, non loin de Rome, et ce qui restait des Scaliger s'éteignit dans l'exil et l'abandon, vers 1388.

— A merveille, cher maître, dis-je, enchanté de la brièveté du récit de M. Valmer, d'habitude fort prolixe. Vous avez aussi bien parlé sur les Scaliger que l'eût pu faire Dante lui-même, ajoutai-je. Mais maintenant que nous savons ce qu'ils furent, vivants, allons voir ce qu'ils sont, morts. Leurs tombeaux nous attendent, et nous n'avons qu'un pas à faire pour les contempler.

Ces tombeaux, cher Monsieur, sont placés en avant du portail d'une petite église, *Santa-Maria-l'Antica*, qui jadis faisait partie des palais des Scaliger, et avait un cimetière à l'usage de cette famille. Outre quelques pierres tombales, droites ou couchées, il y a là tout un curieux assemblage de superbes monuments funèbres, véritables modèles d'architecture antique. Le premier de tous est le sépulcre de Can I Grande della Scala. Le regard rencontre d'abord à hauteur d'homme la figure du prince couchée sur un lit mortuaire composé de colonnes élégantes, aux chapiteaux d'un travail exquis, et supportant un dais gracieux en forme de pyramide hexagonale. Sur ce baldaquin s'élève une statue équestre, celle du podestat, mais la visière baissée, le cimier tombant derrière les épaules, et le cheval caparaçonné d'un tissu d'acier à mailles serrées.

Un autre mausolée, placé dans un angle en regard de la place, contient les cendres de Mastino II. Il repose sur quatre colonnes qui ont chacune un architrave de neuf pieds. Sur le couronnement s'élève un marbre carré servant de piédestal à l'urne sépulcrale. Quatre autres colonnes supportent la voûte qui recouvre l'urne, et qui couronne également la statue équestre de Martino.

Enfin Can Signorio, qui voulut élever son tombeau de son vivant, y dépensa dix mille florins d'or. Aussi son cénotaphe est-il d'une extrême magnificence. Il a six faces et est soutenu par six colonnes dont l'entablement reçoit l'urne cinéraire très-richement sculptée. Les chapiteaux de ces colonnes sont d'ordre corinthien. Six autres colonnes élancées servent de support à la voûte sur laquelle se dresse la statue équestre du Scaliger, au regard farouche. Ce monument est entouré d'une enceinte hexagonale de marbre rouge, avec six piliers, sur lesquels sont gravés de pieux bas-reliefs, et que surmontent des statues.

Bref, l'entourage de ces tombeaux se compose d'une grille tissée avec tant d'art, enlacée, ferrements dans ferrements, avec les armoiries des della Scala, *une échelle surmontée d'une aigle*, semées sur les panneaux qu'elle forme, en un mot si artistement travaillée, qu'elle est flexible et s'agite sous la pression comme une étoffe légère.

J'omets la description des autres tombeaux, car il faut en finir. Mais je ne veux pas vous éloigner de cette place, où la mort donne la main à la vie, sans vous signaler encore en regard avec les manoirs des Scala, le *Palais du Conseil de la Ville*. C'est un très-beau travail du xve siècle. Rien de plus gracieux que son entablement. De nombreuses statues le couronnent et se détachent sur le ciel comme une légion de génies supérieurs observant l'espèce humaine qui se meut dans les régions inférieures. Ce sont tous les hommes célèbres auxquels Vérone a donné naissance. Leurs noms sont des plus considérables, jugez-en.

Ici, c'est *Pline-le-Jeune*. Ce premier personnage est bien un peu suspect dans cette réunion, car il doit le jour à Como. Mais n'y regardons pas de si près, et supposons bénévolement que Vérone a voulu le donner comme introducteur aux savants qui le suivent.

Là, c'est *Cornelius-Nepos*, cet auteur italien, si connu et même très-aimé des élèves qui font leurs études, car ses vies des grands capitaines ne leurs offrent pas de grandes difficultés de traduction. Né dans le siècle qui précéda l'ère chrétienne, Népos fut lié avec Catulle, son compatriote, puis avec Cicéron et Atticus, le riche Atticus, qui eut Agrippa pour gendre, Cicéron pour familier, Marius et Sylla pour ennemis. Cornelius-Népos est une gloire de Vérone, en effet, car Eusèbe vante sa clarté; Pomponius Méla, son exactitude : Ausone, Aulu-Gelle, Tertullien citent ses ouvrages avec de grands éloges. Malheureusement on ne sait rien de la façon dont cet historien termina sa vie.

Vient ensuite Macer, *Clodius Macer*, préteur en Afrique sous Néron, qui voulut, à l'avènement de Galba, se rendre indépendant et affamer l'Italie, en détruisant les blés qu'elle tirait de sa province. Mais, en 68, Galba le fit tuer.

Mantua Virgilio gaudet, Verona Catullo,

Apparaît *Valerius Catulle*, ce poète charmant, né en 86 avant Jésus-Christ, qui réussit surtout dans la poésie érotique, mais ne respecta pas toujours la décence. Il avait à peine trente-cinq ans quand la mort le ravit à l'admiration de ses contemporains et à l'amitié des hommes les plus fameux.

Voici *Vitruve*, le grand architecte, l'auteur du célèbre traité *de Architectura*, dédié à Auguste, ouvrage qui servit de code aux architectes romains, comme il sert de vade-mecum aux architectes modernes.

Voici *F. S. Maffeï*, marquis et littérateur tout à la fois, qui fit avec gloire la campagne de 1704 au service de la Bavière, puis revint en Italie écrire sa tragédie de *Mérope*, *l'Histoire de Vérone*, et parcourut le monde pour y recueillir une riche collection d'inscriptions antiques dont il publia des copies exactes dans son *Musœum Veronense.*

Puis c'est *J. C. Scaliger*, l'un des savants les plus célèbres du xvi° siècle, et le curieux bavard qui réussit le mieux à tromper ses contemporains sur son origine et sur les circonstances de sa vie. Il prétendait descendre des Scala, et racontait avec de grands détails comment sa mère l'avait soustrait aux perquisitions des Vénitiens ; comment, après avoir été page de l'empereur Maximilien, il avait fait la guerre en Italie, et s'était distingué à la bataille de Ravenne, où il avait perdu son père et son frère aîné ; comment il s'était fait cordelier dans l'espoir de devenir un jour pape et de recouvrer ainsi sa principauté ; comment enfin, mécontent des privations qu'on lui imposait, il avait quitté cet ordre pour exercer la médecine. Mais tout cet échafaudage s'écroula devant les recherches de Scipion Maffeï, dont je vous parle plus haut. Il est constaté que Jules-César Scaliger était un simple peintre en miniature de Padoue, qui se nommait *Benoît Bordoni*, et qu'il s'adonna aux lettres et aux sciences, vint à Agen, se fit naturaliser Français, sous le nom de Jules-César de l'Escalle de Bordonis, épousa en 1529 Audiette de Roques de Lobejac, âgée de seize ans, et composa les savants ouvrages qui le placèrent en peu de temps à la tête des érudits de son siècle : *Notes sur le Traité des plantes, par Théophraste, Traduction de l'histoire des animaux d'Aristote, et Insomnies d'Hippocrate*, etc. Il mourut à Agen, le 21 octobre, 1558, et écrivit l'épitaphe qui décore son tombeau.

Julii Cæsaris Scaligeri quod fuit (1).

Enfin c'est *Paul Calliari*, surnommé le *Véronèse*, fils d'un simple sculpteur, qui se sentant peintre, comme d'autres naissent poètes, dès son début prit pour modèles le Titien et le Tintoret. Certes ! il ne pouvait

---

(1) Ce qui reste de Jules César Scaliger.

mieux choisir. Mal apprécié dans sa patrie, Paul Véronèse alla se fixer à Venise, qu'il embellit d'une foule de chefs-d'œuvre.

Vous ai-je trop dit, Monsieur, en vous annonçant une légion? non certes. Mais figurez-vous que la belle façade de ce palais du Conseil est criblée de balles. Il n'y a pas une moulure, pas une corniche, pas une ligne de l'attique qui n'aient été atteintes. D'où proviennent ces témoignages de la fureur populaire? Je n'ai pas eu le temps de me le faire expliquer. Seulement j'ai constaté qu'aucune balle n'avait frappé une fort curieuse Annonciation de la Vierge qui complète l'ornementation de ce monument respectable à bien des titres.

Cependant le soir se fait. Déjà les ombres remplacent sur la Piazza dei Signori les rayons lumineux qui tout à l'heure nous réchauffaient à la table de Squarzoni, et donnent à cette place funèbre une apparence fantastique, que ses manoirs et ses tombeaux exagèrent encore. Mais, en outre, les poternes et les soupiraux des palais della Scala se peuplent de têtes immondes, qui regardent au travers des grilles, comme feraient des bêtes fauves, ce que l'intérieur de la cour peut leur offrir de curieux. On nous apprend que ce sont les *prisonniers* qui prennent leur récréation du soir... |Ainsi donc, l'antique demeure de Can Grande, ses appartements de la Victoire, de l'Espérance, des Muses, de la Liberté, abritent à cette heure ce qu'il y a de plus impur parmi les hommes, l'écume de la société, les voleurs, les meurtriers, les criminels de tous grades. Oh! éloignons-nous !...

Nous errons à l'aventure, et le hasard nous porte sur la rive droite de l'Adige, vers ces parties de Vérone les plus populeuses, comme dans toutes les vieilles cités, car le bas peuple aime le voisinage de l'eau. Nous sommes en face de Véronette. Nous revoyons ses masures pittoresques, ses pâtés de barraques dont les étages avancent et reculent, vermoulus, fendillés, verdis, chassieux, grinchus, caducs, hérissés de verrues, effondrés, que sais-je? et puis ses ponts en briques rouges, aux arches démesurées, aux parapets à scie, dentelés en créneaux. Là, dans ces rues indescriptibles, tout semble encore respirer la guerre civile. On dirait que vous vous heurtez à un assassin, que là vient d'avoir lieu quelque drame sanglant et noir, vous le croiriez sans peine. Aussi sommes-nous tentés de demander si ce n'était pas ici ou là, dans ce carrefour ou près de cette vieille église qu'était la demeure des Capulet. Mais nous n'y trouvons en réalité que le *Palais de Pompée*, près du Ponte di Navi. Sa façade est élégante, simple et harmonieuse. Les fenêtres de l'étage du haut portent sur le bandeau de leur arcade à plein ceintre un mascaron sculpté parfaitement en relief. Le soubassement à bossage est d'un goût mâle, et il est percé de sept arcades. L'ensemble est d'un heureux effet. C'est aussi l'œuvre de San Micheli ou Sammicheli, l'un des plus habiles architectes de Venise, né à Vérone, qu'il a décorée de presque tous les palais qu'elle possède.

Cependant les Capulet ont habité Vérone. Car c'est ici, vous le savez, Monsieur, que *Shakespeare* (1) a placé la scène de l'un de ses beaux drames, *Roméo et Juliette*. Le fondement historique en est emprunté à la vie réelle de l'époque, le XIIIe siècle. Mantoue n'est éloignée de Vérone que de quelques lieues. Dans la première ville habite la famille des Montaigu, et dans la seconde celle des Capulet. Montaigu et Capulet ont autant de haine l'une pour l'autre que le cœur de l'homme peut contenir de fiel. Cependant Roméo de Montaigu et Juliette de Capulet, réunis à une fête par le hasard, se sont vus une fois et se sont aimés. Leur amour est bientôt connu. Indignation des deux familles. Comme Pyrame et Thysbé, les deux jeunes gens se voient en secret : ils veulent s'unir par les liens sacrés de l'hymen. Mais alors Juliette est saisie par les siens, arrachée aux bras de son fiancé par son vieux père, puis enfermée, vivante, mais repue d'un narcotique que lui a fait boire *Fra Lorenzo*, dans un sépulcre où elle meurt de faim. Roméo, à l'aide du poison, s'empresse d'aller rejoindre sa fiancée dans les mondes inconnus. Tel est le fond de l'histoire et du drame. Or, à l'appui de l'histoire et du drame,

---

(1) *William Shakespeare* ou *Shakspeare*, le premier des poètes dramatiques anglais, né en 1563, à Stratford, comté de Warwick, était fils d'un marchand de laines. Il reçut une éducation imparfaite, se maria à dix-huit ans avec une femme qui en avait huit de plus que lui, mena une vie assez vagabonde, fut forcé à vingt-deux ans de quitter son pays, parce qu'il était poursuivi comme braconnier, vint à Londres, où il se trouva forcé de garder les chevaux à la porte d'un théâtre, fit le métier de souffleur, puis monta sur la scène, se fit auteur, retoucha d'abord de vieilles pièces, et enfin en composa d'originales. Ses premières productions datent de 1589. Chefs-d'œuvre merveilleux. Il fit fortune et mourut en 1615.

on montre, à Vérone, le *Tombeau de Juliette de Capulet*. Nous savons qu'il est sur cette rive de l'Adige : aussi nous descendons le fleuve. Nous arrivons : on nous introduit dans un long jardin, *via di Capuccini*, au sud de la place Bra. A l'extrémité d'immenses plants de légumes, nous trouvons enfin une sorte de cuve de marbre rougeâtre, dans une petite cour. Ce sarcophage peut, en effet, contenir un corps de femme : on voit à sa base, à la hauteur de la tête, des trous percés dans le but de donner passage à l'air. Mais est-ce bien là ce qui fut le cercueil de l'infortunée Juliette? Peu importe. Nous déposons quelques fleurs sur ce marbre solitaire, à l'heure où la nuit nous permet à peine de distinguer les objets. Heureusement la lune s'élevant au-dessus des nuages qui couvrent l'horizon, vient à notre secours en perçant le feuillage des amandiers du jardin et en éclairant le tombeau sinistre d'un doux rayon qui semble y déposer un baiser. Nous nous éloignons alors, en récitant les vers que Ducis, le poète de Versailles, a traduits de Shakespeare :

> Je vois avec plaisir, au sein de ces ténèbres
> Le jour pâle et mourant de ces lampes funèbres.
> Cet astre des tombeaux, plus affreux que la nuit,
> Vient mêler quelque joie à l'horreur qui me suit... etc.

On raconte que l'archiduchesse Marie-Louise, après avoir visité ce même tombeau de Juliette, fit monter un collier et des bracelets de marbre rougeâtre dont il est formé. Alors nombre de touristes, et de jolies Véronaises même, ont suivi cet exemple, et l'on voit porter souvent, à Vérone, de petites broches en forme de cercueil faites de cette même pierre.

Après le tombeau de Juliette, nous sommes allés, le lendemain, voir sa maison. Je vous en parle de suite, pour n'avoir pas à y revenir. Elle est située *via di Capello*, rue voisine de la place du Marché. Certes! elle est bien du moyen-âge : façade ridée, vieille, caduque, mais nobles traces d'architecture, élégantes fenêtres à plein ceintre, style romain. Pilastres merveilleusement sculptés à l'une de ses fenêtres, et triglyphes gracieux. Au troisième étage, balcon de pierre dont la balustrade est à moitié ruinée. Voûte d'entrée ; cour avec quatre ailes de bâtimens, décorés de balcons de bois. Sur la porte, au-dedans de la cour, armes parlantes des Capulets, *Capelletti, petits chapeaux.* Voici le balcon, au-dessus du jardin, où Juliette du dedans, et Roméo, du dehors, s'entretenaient alors que les étoiles brillaient aux cieux... A cette heure, des âniers, des ânes, des charrettes, un maréchal-ferrant, un cabaret occupent ces palais, désormais sans gloire, mais non pas sans souvenirs.....

Le lendemain de ce premier jour passé à Vérone, cher Monsieur, nous déjeunions sur la place des Seigneurs, côte à côte avec un major autrichien, et après avoir pris, comme rafraîchissements de précaution, car la journée promettait d'être chaude, l'un une *aqua di marena*, l'autre un *agro di cedro* (1), nous respirions avec délices les fleurs fraîches, dont nos jeunes bouquetières de la veille venaient de nous enrichir, en se sauvant plus légères que des sylphides, lorsque nous remarquons un mouvement de troupes, des roulements de tambours, et beaucoup de gens se dirigeant du même côté, vers la Porta Nuova. Notre major autrichien, qui parlait parfaitement le français, s'empressa de nous apprendre que cette agitation provenait de l'arrivée de l'archiduc Maximilien d'Autriche. On l'attendait vers deux heures. Nous crûmes de notre devoir de prendre part à la fête, et nous n'en manquâmes pas une des moindres circonstances. C'est hier qu'eut lieu cette entrée solennelle. Tout Vérone était sur pied, moins le beau monde qui s'était enfui aux champs. Le Stradone offrait dès midi un admirable coup-d'œil. Les hulans et d'autres régiments hongrois ou autrichiens étaient pour une bonne moitié dans la splendeur de la fête. Les drapeaux à l'aigle bicéphale, des devises, des transparents se montraient de toutes parts. Le canon annonça bientôt la présence des augustes personnages. Une brillante calèche nous montra enfin, assis côte à côte avec sa jeune femme, l'archiduc Maximilien, saluant dans tous les sens, et la princesse Charlotte s'éventant pour effacer le rouge que la chaleur faisait monter à son gracieux visage. Une revue suivit l'arrivée : le défilé suivit la revue ; un dîner vint après le défilé ; un spectacle aux Arènes après le repas, et une illumination termina le tout.

(1) L'*Aqua di marena* est une boisson faite avec ces cerises aigres qu'on cueille en juillet et qu'on fait cuire avec du sucre, et l'*Agro di cedro* est une autre boisson faite avec des groseilles.

Ce matin, même mouvement de troupes. Promenade du prince dans la ville. Nous sommes assis parmi les ruines du *Théâtre-Antique* lorsqu'il y arrive, et on nous fait déguerpir pour lui céder la place. Nous étudions le vieux Pont della Pietra, lorsqu'il y paraît à son tour. Enfin, nous nous réfugions dans la cathédrale *S. Maria-Matricolare*, au coude de l'Adige, sur la rive droite, au nord de la ville, où il nous poursuit encore. Mais cette fois nous ne lui cédons plus la place.

C'est un temple antique, consacré à Minerve, qui a fait les frais de cette belle église, rebâtie en 1187, et à laquelle San-Micheli fit subir quelques changements en 1534. Le porche est du xII° siècle. Des colonnes supportées par des griffons fabuleux, forment sa décoration. Les statues du paladin Rolan et d'Olivier, son partner, ornent les deux côtés du portail. On les dirait en faction de chaque côté de l'entrée principale. Ils sont sculptés debout sur des pilastres gothiques, au milieu de mille figures symboliques de lions, d'oiseaux, de fruits, de fleurs, de bêtes chimériques, de prophètes, de guerriers, de chasseurs. Ils portent la moustache haute et l'épée nue. Sur celle de Roland on voit gravé, sur la lame, le nom terrible dont elle était baptisée DV-RIN-DAR-DA, *Durandarde, qui darde de rudes coups*, d'où l'on a fait *Durandal*. Les armures des deux chevaliers ne se ressemblent pas. La mère de Charlemagne, Berthe *aux grands pieds*, sa femme Frastade, et sa fille Amangarde, femme de Didier, roi des Lombards, que Charlemagne dut faire tomber du trône, à cause de ses méfaits, ont leurs statues qui surmontent la porte, en reconnaissance de l'érection de l'église dont elles furent les fondatrices. Elles ont été métamorphosées, par l'ingratitude absurde du chapitre, en trois vertus théologales. A l'intérieur on voit une assomption du *Titien* qui est du plus bel effet.

Cette cathédrale, possède, dans un bâtiment qui touche à l'église, une *Biblioteca Capitolare* fondée au ix° siècle par un archidiacre du nom de *Pacifico*. Pétrarque, la visitant un jour, ne fut pas peu émerveillé lorsqu'il y trouva les *Lettres Familières de Cicéron*, dont il fit une copie que possède à présent la bibliothèque Laurentienne, fondée à Rome par Léon X, et ainsi nommée de Laurent de Médicis, père de ce souverain Pontife.

Vérone possède un peu plus de cinquante églises. Je ne vous parlerai plus que de deux ou trois qui offrent des particularités remarquables.

La première est la *Chiesa S.-Anastasia*, à l'extrémité nord du Corso, cette grande et belle rue qui coupe Vérone en ligne droite, du sud-ouest au nord-ouest, en passant, à son milieu, sous cette porte romaine qui a nom Borsari. Cette église date de 1261 : sa façade n'a jamais été achevée, et c'est fâcheux, car formant l'horizon du Corso qu'elle termine, elle eut produit un coup-d'œil fort agréable. On est arrêté immédiatement à la porte par deux bénitiers que supportent des statues accroupies qui font la grimace. Ces grotesques représentations de mendiants en haillons, à l'aide de marbres de deux couleurs, sont dues, celle de gauche au père de Véronèse, qui était sculpteur, et la seconde à *Daniele Cataneo*, un artiste véronais du XVIᵉ siècle. Nous voyons à l'intérieur de curieux bas-reliefs en terre cuite de *Chapelle Pellegrini*, des toiles de *Morone*, de *Girolamo dei Libri*; etc., et pas un *Véronèse*. On est affligé de ne pas trouver, dans sa patrie, une seule peinture de cet artiste célèbre. Dans la chapelle du Rosaire on voit avec intérêt, sur un tableau-rétable, le portrait énergique et fier de Mastino II della Scala, et celui de Thaddea Carrara, de la famille de Carrare, de Padoue, qu'il avait épousée.

La curiosité principale de cette belle basilique, à trois nefs, enrichie de splendides colonnes aux chapiteaux courts et fleuris, est le tombeau de *G. Fregose*, un Génois, capitaine des armées de la république de Venise, en forme d'arc-de-triomphe, avec colonnes cannelées d'ordre corinthien, niches, fronton, statues, trophées, et superbe figure du Christ sur fond noir.

En sortant de S.-Anastasia, immédiatement, à droite, on rencontre une petite église gothique, appartenant au lycée de Vérone. C'est *S.-Pietro-Martire*.

Mais entre les deux églises, un monument plus curieux encore, appelle le regard, sous forme de tombeau aérien, étrangement mis en équilibre, au plus haut point du cintre qui couronne une porte d'entrée. Ce monument funéraire, gothique, est celui du *comte de Castelbareo*, dont la statue équestre domine l'édifice et se voit de fort loin.

L'église la plus intéressante au point de vue de l'art est celle de *San-Zenone*. Elle est située presque sur les rives de l'Adige, au point de la ville où ce fleuve pénètre dans l'enceinte des murs, et non loin du Castello-Vecchio. En sortant de S. Anastasia, on n'a donc qu'à descendre le Corso dans toute sa longueur, et une fois au Vieux Château, on suit le quai, et, en tournant à gauche, on arrive à la *Via di Merro*, qui aboutit à l'église. Fondée par Pépin le Bref, fils de Charlemagne, que je vous ai dit avoir fixé son séjour à Verone pendant quelque temps, Othon I, empereur d'Allemagne, la fit restaurer en 961. Mais elle fut reconstruite de 1138 à 1178, moins le chœur qui est du xv° siècle. On est frappé, à l'aspect des côtés de cette église zébrés par des assises alternées de marbre blanc et de briques rouges. Un beau clocher, élancé, richement œuvré, datant de 1045, vous écrase de sa haute taille. On approche. Se montrent alors à vous des portes en bronze qui remontent à l'achèvement de l'édifice, 1178. La façade est décorée de très-curieuses sculptures, œuvre de la même époque. Mais l'intérieur présente une telle grandeur de proportions, que l'on s'incline devant sa majesté. Certes! dès le xii° siècle, les artistes étaient habiles! Quelle magnifique voûte en bois, et quel heureux agencement dans toutes les parties qui la composent! Nous sommes en admiration devant le nombreux spécimens de l'art des vieux âges. C'est, ici, une *Coppa di S. Zenone*, vasque de porphyre de vingt-huit pieds de circonférence; la c'est le *Tombeau d'Auguste Atalia Valeria*, œuvre du christianisme à son début. Plus loin, voici la *Statue de S. Procuse*, travail de 1392. Enfin, c'est encore une autre statue qui remonte au temps de Julien l'Apostat, à savoir S. Zénon, évêque de Vérone. Je vous signale aussi un *Mantegna*, qui a eu les honneurs du voyage de Paris, alors que Napoléon Ier y envoyait toutes les merveilles de l'Europe vaincue. Celui-ci représente la Vierge sur un trône, entre des anges et parmi des fruits. Un cloître est attenant à l'église et renferme quelques tombeaux ; il en est même un que l'on désigne comme celui de Pépin le Bref : mais rien de moins certain...

Victoire ! voici un *P. Veronèse*, le Martyre de saint Georges, sur le maître-autel, toile qui, elle aussi, a fait le voyage de Paris, c'est tout dire. Nous la trouvons dans la *Chiesa San-Georgio*, magnifique église de la renaissance, à Véronette. Cette église possède même un *Tintoret*, le baptême du Christ.

Enfin, au dépôt de mendicité, le *Ricovero*, nous trouvons un tableau, La Mère de douleur, d'*Orbetto*, que le savant Valery signale comme le chef-d'œuvre de cet artiste.

Quand je vous aurai dit, cher Monsieur, qu'à la *Chiesa d' San-Bernar-*

dino, près du Corso, on voit, comme annexe, une délicieuse chapelle toute sculptée par *San-Micheli*, et qui se nomme *Pellegrini*, dont la pierre, particulière à Vérone, est le *bronzino*, matière plus précieuse que le marbre pour sa finesse et son éclat;

Quand j'aurai ajouté qu'au sud de Véronette, nous avons visité le *Cimetière*, immense parallélogramme entouré de portiques à colonnes doriques, destinés à couvrir les tombeaux, devant être, un jour, l'un des plus beaux *Campi-Santi* de l'Italie, car on l'achève dans ce moment, j'aurai mis à fin les curiosités de Vérone.

Je m'arrête donc à présent. Il me reste à vous exprimer le regret de n'avoir pas su donner aux sujets que j'ai traités, tout l'intérêt qu'ils méritent d'inspirer. Mais j'ai voulu faire preuve de bon vouloir et j'ai parlé de mon mieux. Cherchez donc à embellir et à poétiser, avec le secours de votre imagination, les crudités de mes détails; et sous l'âpreté de la forme, ne voyez que le fond. A cette heure, je vais m'éloigner de vous davantage encore; mais votre souvenir et la pensée de votre bonne amitié me suivent. Aussi, croyez que je vous ai voué le plus tendre sentiment qui puisse éclore dans un cœur jeune et chaud, et agréez-en l'expression la plus sincère et la plus vraie.

Votre très-affectionné et respectueux,

E. DOULET.

P. S. A propos, et nos bouquetières!

Entre M. Valmer payant la note de l'hôtel, et le tavernier la recevant, s'interpose une ombre légère qui lui sourit. C'est une de nos sylphides, sans bouquet cette fois, mais tendant une main vide. M. Valmer y a déposé trois swandzigers.

Entre moi et le domestique m'apportant une bougie pour cacheter cette lettre, s'interpose un corps opaque. Je regarde. C'est notre autre sylphide me disant de sa voix la plus douce :

— N'oubliez pas les fleuristes de Vérone, *Excellenza* !

Je lui remets trois swandzigers. Puis rejoignant M. Valmer, je lui conte le cas.

Brrrr ! Ainsi nous avons payé près de 6 francs de jolies fleurs parfumées qui n'avaient pas une valeur de 50 centimes !...

www.ingramcontent.com/pod-product-compliance
Lightning Source LLC
Chambersburg PA
CBHW070529100426
42743CB00010B/2018